听前辈的话，少走弯路，更早成功！

**马云、比尔·盖茨、李嘉诚、乔布斯—肺腑之言**

赵 建 ◎ 著

# 顶级企业家
# 创业感悟

顶级创业成功人士传授创业心得与智慧！

星星之火助你燎原野，智慧之悟助你开天地！

黑龙江科学技术出版社

图书在版编目（CIP）数据

顶级企业家创业感悟 / 赵建著. -- 哈尔滨 : 黑龙
江科学技术出版社, 2016.7
ISBN 978-7-5388-8781-5

Ⅰ.①顶…　Ⅱ.①赵…　Ⅲ.①企业管理　Ⅳ.
①F270

中国版本图书馆CIP数据核字（2016）第105512号

**顶级企业家创业感悟**

DING JI QIYEJIA CHUANGYE GANWU

| | | |
|---|---|---|
| 作　　者 | 赵　建 | |
| 责任编辑 | 赵春雁　李玄梅 | |
| 封面设计 | 柳思伟 | |
| 出　　版 | 黑龙江科学技术出版社 | |

地址：哈尔滨市南岗区建设街41号　邮编：150001
电话：（0451）53642106　传真：（0451）53642143
网址：www.lkcbs.cn　www.lkpub.cn

| | | |
|---|---|---|
| 发　　行 | 全国新华书店 |
| 印　　刷 | 三河市骏杰印刷有限公司 |
| 开　　本 | 710 mm×1000 mm　1/16 |
| 印　　张 | 12.25 |
| 字　　数 | 160千字 |
| 版　　次 | 2016年7月第1版　2016年7月第1次印刷 |
| 书　　号 | ISBN 978-7-5388-8781-5/Z·1315 |
| 定　　价 | 29.80元 |

# 前言
## PREFACE

"如果你教一个人如何为他人工作，只能养活他一年；如果你教他如何成为创业者，将能养活他一生。"这是"创业学杰出教授"杰弗里·蒂蒙斯的一段经典名言。

如今的时代无疑是一个创业的时代，一个呼唤创业精神的时代。改革开放已经30多年了，而中国的创业者也风风雨雨地走过了30多年。如今的中国社会可谓日新月异，变化翻天地覆，这些变化的不可缺少的主导者正是那些历经风雨的创业者。他们已经将足迹永远地留在了他们的创业征途中，他们的故事激励着后来的创业者，而他们那些充满智慧的箴言无疑也会给后来的创业者以最有力的指导。

在如今的时代，创业，并不是某些人的特权，每个人都可以选择创业，当然，每个创业者也都会经历挫折、迷茫、失落、坎坷……也都会遇到资金、市场、团队、管理等各种问题，对他们而言，最希望的是有前辈成功者能助他们一臂之力，渴望获得明确的指点和帮助。

正是基于这样的原因，我们策划出版本书。本书精选了中外成就最高、影响最大的12位企业家的经典箴言。他们中每一个人都是企业界耳熟能详的大人物，每一个人都是富有传奇经历的创业智者，他们以不同的创业经历开创了一个个崭新的成功模式，这些或可敬、或可亲、或可赞的创业者们，在商海沉浮中历练出的睿智眼光，在无数风险中所沉淀的宝贵经验已经成为商界的一笔巨大财富。他们的成功，对于每一个选择创业的人来说，都是值得用心学习的。他们是创业路上的先驱，他们赢得了属于他们的成功。那么为什么是他们成功了，而不是其他人？这无疑是因为他们的胆识、见识和智慧。本书汇集了这些人的经典箴言，并深入浅出地做出解析和感悟，希望能给那些正在创业、准备创业的人以启迪。

除了对创业者的帮助，读者还可以将本书当作如何摆脱贫困的自学手册，本书的每一句箴言都能实际指导你的生活，当然，单单只是一句话并不能改变你的一生，关键还在于你的思考和行动。

总之，当你打开这本书时，你或许还是一个穷人。当你合上这本书时，你的大脑中或许就已经有了一笔难能可贵的财富：告诉自己用心思考，立刻行动，努力为自己赢得财富，也努力赢得美好的人生。

**目 录**
CONTENTS

**国内篇**

第一章　马云创业感悟 …………………………………… 002

第二章　史玉柱创业感悟 …………………………………… 025

第三章　柳传志创业感悟 …………………………………… 045

第四章　俞敏洪创业感悟 …………………………………… 056

第五章　李嘉诚创业感悟 …………………………………… 072

第六章　潘石屹创业感悟 …………………………………… 087

第七章　张朝阳创业感悟 …………………………………… 105

**国外篇**

第八章 比尔·盖茨创业感悟 …………………………………… 118

第九章 巴菲特创业感悟 …………………………………………… 127

第十章 乔布斯创业感悟 …………………………………………… 142

第十一章 洛克菲勒创业感悟 ……………………………………… 158

第十二章 松下幸之助创业感悟 …………………………………… 173

创业感悟

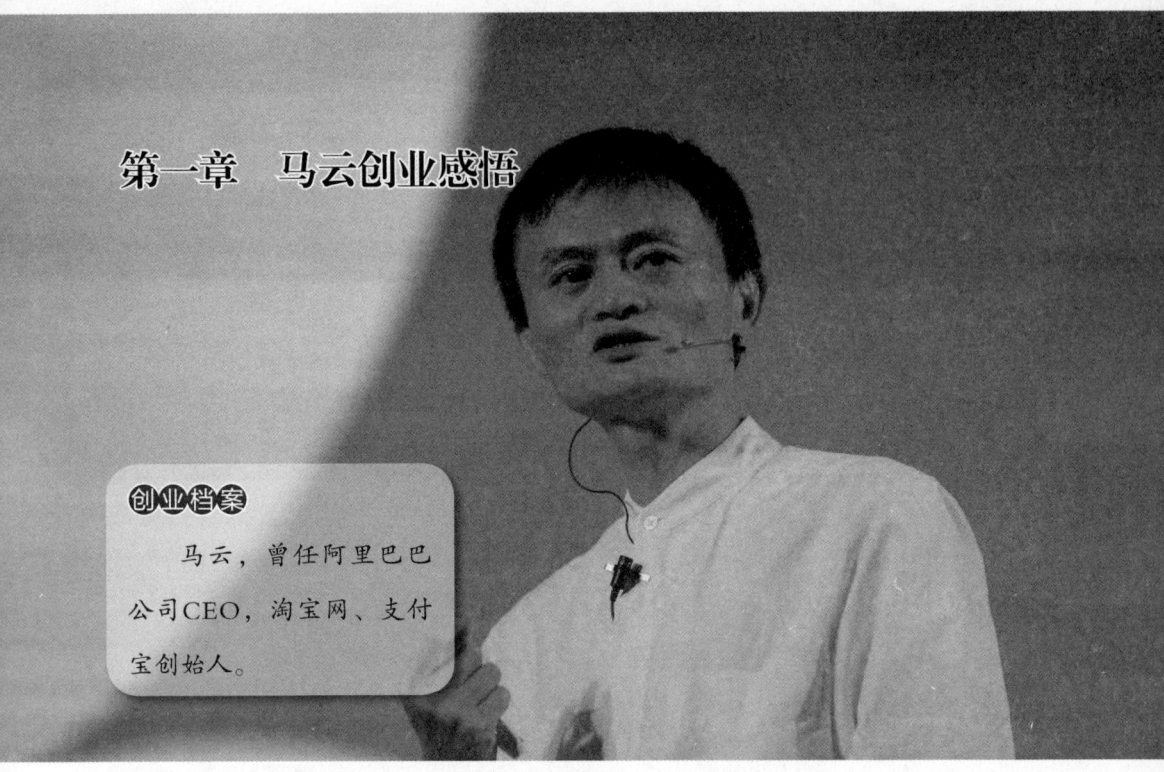

# 第一章　马云创业感悟

**创业档案**

马云，曾任阿里巴巴公司CEO，淘宝网、支付宝创始人。

1964年10月，马云出生于中国杭州。

1982年，第一次参加高考，数学仅得一分，落榜。

1983年，第二次参加高考，数学19分，再度落榜。

1984年，第三次参加高考，递补进杭州师范学院英语本科。

1988-1995年，马云任杭州电子工业学院英文讲师。

1995年4月，马云创办了"中国黄页"网站，是中国第一家网上中文商业信息发布站点，也是在国内最早形成主页发布的互联网商业模式。

1997年年底，马云和他的团队在北京开发了外经贸部官方站点、网上中国商品交易市场等一系列国家级站点。

1999年初，马云回到杭州，以50万元人民币起家，开发了阿里巴巴网站，并迅速成为全球最大B2B（企业对企业）电子商务平台，目前已成亚洲最大个人拍卖网站。

2000年10月，马云被"世界经济论坛"评为年度全球100位"未来领袖"之一。

2001年年底，阿里巴巴突破注册商人会员100万家，成为全球首家超过百万会员的商务网站。

2002年底，阿里巴巴全面实现赢利，现金赢利600万元。

2003年10月，阿里巴巴进军电子支付领域，创建独立的第三方支付平台——支付宝，正式进军电子支付领域。

2004年12月28日，马云获得"CCTV2004中国经济年度人物奖"。

2005年8月11日，阿里巴巴(中国)网络技术有限公司全面并购雅虎中国的一切资产。

2005年9月21日，马云正式成为雅虎中国总裁。

2006年11月，美国权威财经杂志《福布斯》公布了评选的2006年度全球最佳B2B(企业对企业)网站名单，阿里巴巴公司再次在综合类网站中位居榜首。

2007年11月6日，作为中国最大的电子商务网站，阿里巴巴在香港联交所主板挂牌上市。

2009年11月，马云获选《时代》2009年100大最具影响力人物；获选《商业周刊》2009中国最具影响力40人。

2010年9月，《财富》杂志以"智慧"和"影响力"为指标，评选出当今全球科技界最聪明的50人。马云以"阿里巴巴CEO"身份入选"最聪明CEO"第四名。

2012年12月12日，当选CCTV中国经济年度人物。

2013年1月15日，阿里巴巴集团董事局主席兼CEO马云向员工发出信件，宣布于2013年5月10日起不再担任阿里巴巴集团CEO一职，将全力以赴做好阿里巴巴集团董事局主席的工作。

**创业·箴言**

创业要找最适合的人，不要找最优秀的人。

**解析·感悟**

1999年10月，阿里巴巴获得了以高盛牵头提供的500万美元风险资金。获得这笔资金后，马云立即着手的一件事情就是从香港和美国引进大量的外部人才，这些人才很多都是名牌大学和世界500强公司的MBA。当时，阿里巴巴12个人的高管团队成员中除了马云自己，全部来自海外。接下来几年，阿里巴巴聘用了更多的MBA，但是后来这些MBA中的95%都被马云开除了。马云回忆道："首先我承认我水平比较差，但难道他们就没有错吗？因为这些MBA一进来就跟你讲年薪至少10万元，一讲都是战略。每次你听那些专家跟MBA讲得热血沸腾，然后做的时候你都不知道从哪儿做起。"马云对这些MBA的评价是："基本的礼节、专业精神、敬业精神都很糟糕。"这些人一进阿里巴巴就好像是来管人的，他们一进来就要把前面企业家的东西都给推翻。

马云由此总结出一个关于人才使用的理论：只有适合企业需要的人才是真正的人才。他还把当初开除MBA的事情做了一个比喻："就好比把飞机的引擎装在了拖拉机上，最终还是飞不起来一样。那些职业经理人管理水平确实很高，但是不合适。公司当时的发展水平还容不下这样的人。"

**创业·箴言**

把自负抛弃以后，情商就会高起来。

**解析·感悟**

一个人如果智商很高，却以此自负，那就会拉低自己的情商，会经常为自己周围并不理想的环境所困扰，那他的生活也就会因此陷入不好的境地，或是愤世嫉俗、孤芳自赏，与社会、公司、同事融不到一起；或高不成低不就，一辈子碌碌无为；或是走上邪门歪道，毁于高智力犯罪。由此可见，一个人成功与否，情商与智商一样重要。如何提高情商呢？抛弃自负就是最重要的条件之一：自负的人眼光高，觉得这个不顺眼，那个也不顺眼，抛弃自负以后，情商自然就会高起来。

**创业·箴言**

成功者至少需要兼备两种品质：一是执着大胆的性格；二是对市场准确敏锐的嗅觉。

**解析·感悟**

商战的残酷，客观上要求经营者对商情做出清醒判断，当机立断，不允许拖拖拉拉而坐失良机，更要求经营者是一位观察家，第一素质就是眼力。这不仅表现在对市场风云变化的直觉上，而且体现在运筹帷幄决胜千里的韬略中。欲想商战获胜，就要善择良机，就要随时把握客观形势及其各种力量的对比变化，透过现象看本质，狠抓商机！

**创业·箴言**

一个成功的创业者，必须具备三个因素：眼光、胸怀和实力。

**解析·感悟**

对于创业者必须具备的这三个因素，马云做过深入的诠释，他说："眼光，我认为读万卷书不如行万里路，中国所有企业家都必须要多看一看，因为读遍万卷书最后还要试一试，看一看。我自己有一次受到的打击挺大，是在日本。2002年阿里巴巴做了1块钱的利润，我一天收入100万的时候，觉得4年的公司一天做到100万的现金收入挺得意，因为我们卖的都是知识，唯一成本就是人的工资和电费、税费，房租，没有什么原材料。我到日本去，有一个日本企业家跟我聊天，他说马云，我今年生意做得不是很好，营业额很糟糕，还是得往下走。他说我今年只做了200亿，我说200亿日元？他说200亿美金。那个时候我就知道人与人的差距，他觉得200亿美金差，我一天100万的收入觉得很好。人与人之间的距离不可怕，但是可怕的是不知道人与人之间的距离。所以我觉得一个领导者，眼光非常重要。

　　"第二就是胸怀，这是我自己的想法。你把6个人放在一个房间里面做一个实验，把他们关两个小时，发现一个人特别出色，他一定是领导者，这是一个概念；你让7个人在一起的时候，中间一定有一个人是浑蛋，这也不同意，那也不同意，就是古里古怪的事，这个世界上一定有30%浑蛋的人，这个人有时候可能就是你自己。所以不要追求所有人都相信你。当领导者的一把手、二把手，二把手永远理解不了一把手，所以不要寄希望于所有人都会同意你，所谓宰相肚子里面能撑船是因为宰相的冤枉太大了，你今天忙着解释还不如把这个东西做出来、实施出来，这是我自己对胸怀的认识。这半年我是最难受的半年，因为前面6年我已经习惯我说的话人家说这不对、那不对，我已经习惯了，所以自己感觉胸怀大了很多。还有一个就是，将来每一个人经过学习就会成为领导，领导者不要过多相信媒体，因为媒体有的时候会把你说得很好，有的时候会把你说得很坏。我认为媒体对我报道是不真实的，我没有那么好，也没有那么坏，就是普普通通的人。

　　"第三，实力。什么是实力，实力就是一次次的失败、一次次的打击，能够再站起来。永不放弃的精神就是实力。我自己觉得这两年有一点体会，我充满激情，激情就是我可以失败一个项目，可以犯一个错误，可以丢掉一切一切赚钱的机会，但是我不会丢掉我的梦想，我还会再度起来一直搞，搞到成功为止。但是不要愚蠢到用头去撞墙，人要成功，要学会永不放弃，但是人真正学会放弃才会进步，这是我的理解。有的时候要在失败中学会永不放弃，但是学会舍、学会弃也是非常重要的。任何人的成功都是经过坚强辛苦的锤炼。我从1999年创办阿里巴巴，在长城上面我发誓这一辈子就要创办中国人创办的全世界最伟大的公司，我就想做一个伟大的公司，这个理想我不会改变，不断地把公司领向这个方面，这是一个意念，我可以失败很多次，但是从不放弃这个意念。"

**创业·箴言**

创业者要知道这样一种境界：痛苦地坚持，快乐地死去。

**解析·感悟**

这句话是什么意思呢？创业的过程是痛苦的，你要不断地克服一个又一个的困难，以获得更大的成功。百年以后，当你死的时候，你会觉得很快乐：人这一生，我奋斗过了，我得到了快乐。正如马云所说"从创业的第一天起，我觉得任何一个创业者都要有这个心理准备，他每天要思考自己未来的10年、20年要面对什么。你碰到的倒霉的事情，在这几十年遇到的困难中，只会是小小的一部分。"

**创业·箴言**

一个项目、一个想法如果不够独特的话，很难吸引别人。

**解析·感悟**

古人曾经总结过做生意的十二字诀，"人无我有，人有我优，人优我特"。亦步亦趋，永远跟在别人的后面是做生意最忌讳的。创业者要想财源滚滚，首先必须标新立异，吸引住顾客，靠什么吸引顾客呢？靠在经营上以独特的个性和少见的手法吸引顾客，靠经营商品的新奇与稀有吸引顾客。

是的，在这个充满着竞争与挑战的时代，所有创业者都会感觉到如今生意难做、钱难赚。但生意越难做，就越有人会赚钱，因为他们总能棋高一着，靠自己独具匠心的产品和服务吸引顾客的眼球。钻冷门，钻空档，经营新产品，越新越好，越独越好，这是做生意的最大智慧。如果你的产品或服务称得上"蝎子拉屎——独一份"，那么你的生意就没有不成功的道理！

**创业·箴言**

力量还很渺小的时候，必须非常专注。

**解析·感悟**

10只兔子摆在你面前，你不能希望一次全抓到，否则你将一无所获。创业者应该明白专注的道理，做生意的关键在于精而不在于杂，卖"水"可以产生"可口可乐"和"百事可乐"，卖快餐可以产生"肯德基"和"麦当劳"……创业成功者往往只做一件事：做深做透做专，做细致做完全做彻底，做到尽善尽美，做成绝技，做成专家。而失败者做了许多事，黑熊掰玉米，做一件丢一件，没有一件弄懂、弄通、弄明白。结果是什么都不懂什么都不会；结果是说什么都天花乱坠，干什么都一塌糊涂，结果是几十年一事无成，老之将至还在寻找赚钱项目。

**创业·箴言**

听说过捕龙虾富的，没听说过捕鲸富的。

**解析·感悟**

一件人人都看不起眼的事，可能带来非凡的效益；一门心思要做惊天动地的大事，最后反而可能一无所获。对创业者来说，目标定得大是好事，但还是要从小处开始，脚踏实地，一步一步来，这才是正确的做法。

**创业·箴言**

在创业的道路上，我们没有退路，最大的失败就是放弃。

**解析·感悟**

"永不放弃"是马云的座右铭。在马云看来，世界上最大的失败就是放弃。放弃其实是最容易的，这个世界上最痛苦的是坚持，而最快乐的也是坚持。创业其实很简单，要有一个强烈的欲望，就是说，我想做什么事情，我想改变什么事情，想清楚之后，你要永远坚持这一点。

**创业·箴言**

不要因为别人的一句话，灵机一动就去创业。

**解析·感悟**

创业者要非常喜欢自己做的这件事情，因为太爱这件事情而去做，要在深思熟虑、全面考量之后去做，而不要因为别人一句话灵机一动就去做。

**创业·箴言**

记住，关系特别不可靠，做生意不能凭关系，做生意也不能凭小聪明。

**解析·感悟**

中国式创业的一个最大的特点就是关系创业。中国人比较看重关系，在创业过程中也比较倚重人脉关系，往往以此为支点开始创业，但问题是关系并不能保障一劳永逸，一旦关系失去，创业之路就很容易戛然而止。毕竟最终还是业务决定人脉，不是人脉决定业务。

**创业·箴言**

男人的胸怀是委屈撑大的，多一点委屈，少一些脾气你就会更快乐。

**解析·感悟**

淡定、平和、少些怨言就多些快乐。你可以多猜测别人，但不要忘了"人性本善"，不要光盯着别人的短处，尽把人往坏处想，要多想想人家的好处，这样，你就不那么爱瞎较劲儿、自己给自己找不快活了。回顾马云一路走来的创业历程，他承受了许多委屈和苦难，有多次受骗的经历，有用人失误的经历，有因为管理不当发生亏损的经历，有遭受国内外同行间的竞争和排挤的经历，等等，所有这些马云都挺过来了，假如他没有淡定、平和、博大的胸怀，就不可能把阿里巴巴做到现在这么成功。

**创业·箴言**

很多年轻人是晚上想想千条路，早上起来走原路。

**解析·感悟**

中国人创业，关键不是因为你有出色的想法、理想、梦想，而是你是不是愿意为此付出一切代价，全力以赴地去做它，证明它是对的。对于想要创业的年轻人来说，成功的第一要义便是敢想敢做，出手果断，正所谓"十个想法不如一个行动"。只有那种不仅有创业想法，且敢于付之行动的人才能真正拥有获得创业成功的机会。

**创业·箴言**

创业者书读得不多没关系，就怕不在社会上读书。

**解析·感悟**

对创业者来说，最好的大学就是社会大学。创业者最大的快乐就在于在创业过程中去学习，去提升。很多时候是创业者因为自己搞不清楚而去创业，当搞清楚以后就不会去创业了，所以马云才说，创业者书读得不多没关系，就怕不在社会上读书。

**创业·箴言**

短暂的激情是不值钱的，只有持久的激情才可靠。

**解析·感悟**

短暂的激情只能带来浮躁和不切实际的期望，它不能形成巨大的能量；而永恒持久的激情会形成互动、对撞，产生更强的激情氛围，从而造就一个团结向上充满活力与希望的团队。

**创业·箴言**

对手死了，你一定活不好，一定需要有一个对手，才会发展得越来越好。

**解析·感悟**

马云认为，竞争是一种游戏，不是你死我活的事儿。电子商务行业的成熟局面是多个互联网公司共同发展的结果，只有竞争才会有更快速的发展。马云说："我希望到时候能看到一个百花齐放的景象。阿里巴巴为其他公司提供了经验教训和资源，其他公司发展起来，也会给阿里巴巴带来很多好处。在一个行业里，一枝独秀是不行的，也是危险的。中国的事情只有三足鼎立才能使一个行业发展起来，至少做大三家才有钱赚。一个很好的例子是TOM进来了，三大门户网站之间不打架了，为什么？因为大家都成熟了，这个行业也渐渐成熟了。"

马云这里说的重点就是竞争对手共同把蛋糕做大的市场效应：市场的扩大使企业获得的份额也相应地增大。正如竞争战略第一权威——哈佛商学院迈克尔·波特教授所言："'竞争对手'的存在能够增加整个产业的需求，且在此过程中企业的销售额也会得到增加。"

**创业·箴言**

互联网是影响人类未来生活30年的3000米长跑，你必须跑得像兔子一样快，又要像乌龟一样耐跑。

**解析·感悟**

像兔子一样跑得快，就是要把握时机出手迅速，走到同一起跑线的人的前面；而对于漫漫征途来说，更重要的是要拥有乌龟一般的耐力，最后能取得胜利的人不一定是跑得最快的人，但一定是最能坚持到底的人。

**创业·箴言**

人要被狠狠PK过，才会有出息。

**解析·感悟**

人重要的是要学会坚强，能够承受内心的煎熬，竞争中失败并不可怕，可怕的是从此再也不想成功。记住，人生中所有的不幸和不快，都是人所必须经受的挫折训练。只有经历之后，才会如凤凰涅槃一样而获得重生，才会让你不再停留在原先的层面而有更进一步的升华，也才会让你更有阅历、更睿智、更豁达、更理智、更坚定……

**创业·箴言**

发令枪一响，你是没时间看你的对手是怎么跑的。只有明天是我们的竞争对手。

**解析·感悟**

处于领导者地位的人往往看到的是他要面对的未来的挑战，挑战的不是别人，是自己。同样的一个东西，你在做，我也在做，谁也没有成型，谁也没有范例，但是明天成品一旦出来，我的好还是你的好？大家对比一下就知道。可是，如果只是一味地学习对手，那么你恐怕要永远落后于对手后面了。

**创业·箴言**

一个创业者最大的财富，就是你的诚信。

**解析·感悟**

诚者，信也；信者，诚也。诚和信是同等价值的概念，是人们言谈、行为中诚实和信用的合称。诚信要求人们不要欺诈和虚伪，而要真诚、老实、讲信誉，做到言必信、行必果。现在的商业社会其实是个很复杂的社会，但是有一样东西却可以使一切变得简单，那就是诚信，因为诚信，所以简单。越复杂的东西，越要讲究诚信。

**创业·箴言**

商界最重要的不是钱，是信用。

**解析·感悟**

做人要诚实，虽然人人都说"无商不奸"，但是又有几个奸商能把生意经营得红红火火，维持得天长地久呢？做生意需要精明，但精明不等于欺骗。很多人认为说谎、吹牛等"非常"手段在商业上是值得一用的，甚至认为是必须的，这也是为什么夸大事实的广告充斥在各个角落的原因。商家纷纷掩饰自己商品的缺点，却把优点说得天花乱坠，可当他们的钱包鼓胀一点的时候，人格也随之降低了一分。把欺骗作为挣得财富策略的创业者，迟早有一天会原形毕露。

**创业·箴言**

今天很残酷，明天更残酷，后天很美好，可惜，绝大部分人死在明天晚上。

**解析·感悟**

为什么大部分创业者不能等到后天的美好？就是因为这些人没能熬下去，没了信心，没了耐心，就差那么一点点，只一点点。不经郁结美蚌难呈珍珠，不经煎熬高汤难成美味，真实的人生总是要经受打磨与熬炼的，就像歌里唱的，不经历风雨，怎么见彩虹？

## 创业·箴言

在困难的时候，要学会用左手温暖右手。

## 解析·感悟

创业者如何生存和取得成功，这其中存在多种因素，眼光、境界、智慧、勇气、谋略都是很重要的因素。但是，在更多的时候候，意志、韧劲儿、抗挫折能力，以及自我激励的乐观精神才是最重要的。须知，创业绝大多数时候是艰辛的、孤独的、无助的。失败时就只有自己舔干血迹，挣扎着爬起，继续前行；你苦苦地挣扎，而他人投来的是不屑的眼光，这个时候，你就只有自己给自己打气、加油，自我激励，才能将创业之路继续走下去。

## 创业·箴言

可能一个人说你不服气，两个人说你不服气，很多人在说的时候，你要反省，一定是自己出了一些问题。

## 解析·感悟

创业要想取得成功，对自己的失败做出反省是必不可少的。因为反省对于那些失败的创业者来说实质上是一种学习能力。创业是一个不断摸索的过程，在此过程中创业者不免会犯错误。反省，正是认识错误、改正错误的前提。对创业者来说，反省的过程，也是一个学习的过程。

**创业·箴言**

很多人是愿意承认错误，但不愿承担责任，而恰恰承担责任会赢得更多的尊重。

**解析·感悟**

领导者的责任感是极其重要的。当企业面临困境时，只有领导者愿意走上前来，担起责任，问题才能得以圆满解决。同样的错误不能犯两次，这是一个领导者应该具备的素质。单纯的悔恨或者自责并不表示这个人具有责任感，采取补救行动才是责任感最重要的体现。

**创业·箴言**

任何一个创业者，永远要把自己的笑脸露出来。

**解析·感悟**

人生不如意之事，十有八九。在很多时候，得失成败并不会如我们所期望的那样可以选择。但是，快乐与否却完全取决于我们自己，以乐观豁达的态度面对一切，那么，就没有什么能使你不快乐。作为创业者，要面对的苦难和挫折比普通人要多得多，要想在这其中享受快乐，就得把烦恼和忧虑这种消极心态彻底地抛到脑后，让它们远远地离开你。既然选择了创业，痛苦要坚持，快乐也要坚持，那何不选择快乐地坚持下去呢？

**创业·箴言**

一个人在黑暗之中行走是可怕的，但成千上万人一起向黑暗冲锋的时候就什么也不怕了！

**解析·感悟**

现代社会，已经不是一个人单枪匹马就能闯出一番大事业的时代了，离开他人的帮助和意见，这样的创业者往往会在复杂多变的商场上碰得头破血流。创业者应该认识到，成功都是团队做出来的。所以，别人把你当英雄的时候，你千万不要把自己当英雄，如果自己把自己当英雄必然要走下坡路。记住，千万不要脱离团队而逞个人英雄主义的能。

**创业·箴言**

唐僧团队是天下最好的团队。

**解析·感悟**

为什么说唐僧团队是天下最好的团队呢？马云对此的解释是：中国人认为最好的团队是刘、关、张、诸葛、赵团队。关公武功那么高，又那么忠诚。刘备和张飞也有各自的任务，碰到诸葛亮，还有赵子龙，这样的团队是千年等一回，很难找。可我认为中国最好的团队就是唐僧西天取经的团队。像唐僧这样的领导，什么都不要跟他说，我就是要取经。这样的领导没有什么魅力，也没有什么能力。悟空武功高强，品德也不错，但唯一遗憾的是脾气暴躁，单位里有这样的人。猪八戒是狡滑，可没有他生活少了很多的情趣。沙和尚这样的人单位里面有很多很多。你不要跟我讲人、讲价值观，"这是我的工作"，半小时干完了活就睡觉去了。就是这样四个人，历尽千辛万苦，取得了真经。这种团队是最好的团队，这样的企业才会成功。

马云的话，对创业者如何选择团队成员有重要的启迪。那就是，对团队成员的要求不可太高，不能过分挑剔！

**创业·箴言**

不打甲A，直接进世界杯。

**解析·感悟**

都说出奇制胜，说归说，用到实践中去的话，就是别人没有想到，你想到了，别人没有悟到你悟到了。能看见别人看不到的事情，对一个创业者来说非常重要。如今，马云率领的阿里巴巴已经坐稳全球B2B老大的位子，可在创建之初，马云是冒着"大跃进"的风险而做出出奇制胜的战略抉择——"不打甲A，直接进世界杯"。当时，当众多IT创业者将目光聚焦在"大公鸡"（中国地图的形状）的时候，马云却将目光瞄向了世界。创业难，创品牌更难，创世界性品牌更是难上加难。可马云就是不走寻常路，出其不意地将着眼点放在海外。今天，我们回过头去看马云的这个抉择，的确是令人佩服的"奇"招，阿里巴巴之所以能有今天，与这个抉择有着不可分割的关系。

**创业·箴言**

与众不同不是我做出来的，而是我的本能。

**解析·感悟**

与众不同是创业者的必备气质，甚至，它还应该是创业者的本能。只有以与众不同的视角看世界，你才能发现全新的商业机会。在这个越来越开放、越来越多元化的社会里，人们都以追求个性为美，以追求与众不同为荣。在商战中，也同样要使自己的产品拥有与众不同的"个性"，只有让产品拥有了这种"个性"，才能够在这个微利时代率先抢占市场。

**创业·箴言**

上当不是别人太狡猾，而是自己太贪，是因为自己才上当。

**解析·感悟**

如果你足够细心的话，就会发现，社会上的骗局往往是非常容易被看破的，可为什么总是会有人上当呢？马云这里给出了自己的答案：是自己太贪，是因为自己才上当。的确，这个世界的敌人无论怎么强大，远远没有人类自身的贪欲来得强大。如果你控制不住自己的欲望，那么最简单的骗局也很可能让你深陷其中。

**创业·箴言**

阳光灿烂的时候要去借雨伞、修屋顶。

**解析·感悟**

危机并不可怕！可怕的是没有准备！可怕的是我们不知道它有多长、多严重！机会面前人人平等，而危机面前更是人人平等！谁的准备越充分，谁就越有机会生存下去。强烈的生存欲望和对未来的信心，加上充分的思想和物质准备是度过危机的重要保障。

**创业·箴言**

生存下来的第一个想法是做好，而不是做大。

**解析·感悟**

每个成长型企业都会碰到成长中的痛苦，几乎所有以销售为导向的企业都会遇到先求生存后求发展的问题。一旦生存好了就忘了自己是为了生存，初创企业都希望迅速做大做强，但生存下来的第一个想法是做好而不是做大，这不仅是马云也是众多创业成功者多年积累下来的经验。

**创业·箴言**

永远不把赚钱作为公司的第一目标。

**解析·感悟**

在马云看来，生意人、商人和企业家是有区别的，生意人以钱为本，一切为了赚钱；商人有所为，有所不为；企业家是影响社会，创造财富，通过为社会创造价值，来影响这个社会的。赚钱是一个企业家的基本技能，而不是所有技能。

**创业·箴言**

如果早起的那只鸟没有吃到虫子，那就会被别的鸟吃掉。

**解析·感悟**

对一个创业者而言，从一开始就应该具有一种"先发制人"的战略意识。如果狼已经走到家门口了，还沉醉于"井水不犯河水"的自我安慰中，未免有些自欺欺人。在硝烟弥漫的商战中，当对手即将兵临城下之时，创业者没有撤退的理由，只能接受挑战。

**创业·箴言**

小公司的战略只有几个字——活下来，挣钱。

**解析·感悟**

中国的创业者，夭折的很多，这种现象多数发生在中小企业身上。据统计，日本90%以上新成立的企业也是在3年以内死亡的。这个数字甚至可以映射到所有的经济发达国家。因此，"好好活着"应该成为中国企业尤其是创业型企业的首要任务。

**创业·箴言**

一个公司在两种情况下最容易犯错，第一是有太多钱的时候，第二是面对太多机会的时候。

**解析·感悟**

脚踏实地是创业者必备的一种品质。不能稳扎稳打地走好每一步，不能抵挡住机会的诱惑，就会在机会中迷失自我。一个合格的创业者看到的不应该只是机会，因为机会无处不在，一个合格的创业者更应该看到机会后面可能的灾难，并把灾难扼杀在摇篮里。

**创业·箴言**

要假设你融不到一分钱的情况下去做事业。

**解析·感悟**

在创业初期，融资是一个重要的事情，但创业者切莫为了弄到钱而失去起码的理智。就像马云说的，要假设你融不到一分钱的情况下去做事业。这样假设最大的好处在于，可以避免让创业者陷入借贷陷阱。现实社会中，很多创业者，在找到好的项目之后，便急于弄到启动资金，因此便很容易掉进借贷陷阱。

**创业·箴言**

没有品质做保障，冲得快，死得就会更快。

**解析·感悟**

中国有句俗话叫"酒好不怕巷子深"。在市场竞争激烈的今天，这句话有它的局限性，但不可否认，过硬的质量是商战搏击中的利器。质量是企业的生命，也是顾客对公司的认可度。如何保持质量并提高质量，使顾客满意，是企业保持和争夺产品市场占有率的前提。

**创业·箴言**

孙正义跟我有同一个观点，我们俩在东京讲过，一个方案是"一流的Idea加三流的实施"；另外一个方案是"一流的实施加三流的Idea"，哪个好？我们俩同时选择"一流的实施加三流的Idea"。

**解析·感悟**

一个企业团队是一个组织，一个完整的集体，它的执行力也应该是一个系统、组织和团队的执行力。执行力是公司经营成败的关键，只要公司团队有好的管理模式、管理制度，好的带头人，充分调动团队成员的积极性，管理执行力就一定会得到最大的发挥，团队就一定能创造最大的利益。创业要实现"办一流企业，出一流产品，创一流效益"的经营宗旨，解决管理中存在的问题，就必须在员工中打造一流的团队执行力。一个执行力强的公司，必然有一支高素质的员工队伍，而具有高素质员工队伍的公司，必定是充满希望的公司。

**创业·箴言**

　　如何让每一个人的才华真正地发挥作用，这就像拉车一样，如果有的人往这儿拉，有的人往那儿拉，互相之间自己给自己先乱掉了。我在公司里的作用就像水泥，把许多优秀的人才黏合起来，使他们力气往一个地方使。

**解析·感悟**

　　团队成员就好比是演员，而创业者就是导演。如果"导演"能根据"演员"的不同性格，使每个角色都由最适合的演员出演，那么这场节目一定会取得成功，这个创业团队一定会拥有强大的战斗力。

**创业·箴言**

　　eBay是大海里的鲨鱼，淘宝则是长江里的鳄鱼，鳄鱼在大海里与鲨鱼搏斗，结果可想而知，我们要把鲨鱼引到长江里来。

**解析·感悟**

　　《孙子兵法》谋攻篇指出："小敌之坚，大敌之擒也。"很明显，在商战中处劣势的商家，是不能与对手硬拼的，但是不是就束手投降呢？也不是，要在实力悬殊的竞争中胜出只有出奇招，阿里巴巴能战胜eBay这个强大的对手靠的就是出奇制胜。

**创业·箴言**

　　最后赢一定是赢在客户上面。

**解析·感悟**

公司的财富源于客户，任何一家公司，离开了客户，都无法生存。对于一家私营公司来讲，只要它拥有足够多的客户，他就一定会成为它所从事行业的大赢家。而对于创业者来说，只有全心全意为客户着想，将客户放在第一位，为客户创造最大的利润，才是对自己最负责的做法。

**创业·箴言**

根据市场去制定你的产品，关键是要倾听客户的声音。

**解析·感悟**

客户的需求是商家做生意的指针，它指向的就是财富。倾听客户的声音，根据客户的需求做出改变，这是亘古不变的商海真谛。一切产品，都必须倾听客户的意见，必须搞清楚客户到底需要什么，这样我们才能确定怎么生产，确定如何满足客户的需求。很多企业，前面的成功往往为后面埋下了更大的失败的隐患，因为他们不清楚自己为什么会成功，像赌博一样，一开始是赢了，第二次还是照原来的套路，但市场和周围的环境是变化的，而他们不了解客户和市场需求的变化。所以，成功了，要了解为什么会成功；失败了，更要搞清楚为什么会失败。

创业档案

　　史玉柱，曾任巨人网络董事长兼CEO，中国最具传奇色彩的民营企业家。

　　1962年，史玉柱出生于安徽怀远。

　　1984年，毕业于浙江大学数学系，分配至安徽省统计局。

　　1989年1月，毕业于深圳大学研究生院，为软科学硕士，随即下海创业。

　　1989年，推出桌面中文电脑软件M—6401，4个月后营业收入即超过100万元。随后推出M—6402汉卡。

　　1991年，巨人公司成立，推出M—6403。

　　1992年，巨人总部从深圳迁往珠海。M—6403实现利润3500万元。18层的巨人大厦设计方案出台。后来这一方案一改再改，从18层升至70层，为当时中国第一高楼，需资金超过10亿元。史玉柱基本上以集资和卖楼花的方式筹款，集资超过1亿元，未向银行贷1分钱。

　　1993年，巨人推出M—6405、中文笔记本电脑、中文手写电脑等多种产品，其中仅中文手写电脑和软件的当年销售额即达到3.6亿元，巨人居于四通之后成为中国第二大民营高科技企业。

1994年年初，巨人大厦动工，计划3年完工，史玉柱当选中国十大改革风云人物。

1995年，巨人推出12种保健品，投放广告1个亿，史玉柱被《福布斯》列为内地富豪第8位。

1996年，巨人大厦资金告急，史玉柱决定将保健品方面的全部资金调往巨人大厦，保健品业务因资金"抽血"过量，再加上管理不善，迅速盛极而衰，巨人集团危机四伏。

1997年年初，巨人大厦未按期完工，国内购楼花者天天上门要求退款。媒体地毯式报道巨人财务危机。不久只建至地面三层的巨人大厦停工。巨人集团名存实亡，但一直未破产。

1999年，史玉柱注册建立生产保健类产品的生物医药企业——"上海健特生物科技有限公司"。

2000年12月21日，注册成立"珠海市士安有限公司"，在珠海收购巨人大厦楼花。

2000年，史玉柱又在媒体露面，据其介绍，他和原班底人马在上海及江浙创业，试图东山再起，做的是"脑白金"业务，据说还不错。经过几年的历练和反思，人成熟了许多。他一再表示："老百姓的钱，我一定要还。"并定下了2000年年底还钱的时间表。

2001年，史玉柱"重出江湖"，在上海申请注册巨人公司并谋求上市。

2002年年底，史玉柱另起炉灶做起了黄金搭档。

2003年12月，四通控股斥资12亿元收购脑白金及黄金搭档相关的知识产权及营销网络。四通电子随即更名为四通控股，史玉柱出任总裁，他又买下"华夏银行"和"民生银行"的一部分股份。

2004年11月18日，上海征途网络科技有限公司正式成立，史玉柱任董事长。

2005年11月15日，由上海征途网络科技有限公司自主研发的第一款2D大型多人在线角色扮演类网络游戏《征途》正式开启内测。

2006年，上海金茂大厦，《征途》召开新闻发布会，并在开曼群岛注册巨人网络科技有限公司，筹备上市。

2007年，史玉柱获第三届中国游戏产业年会评选出的"最具影响力人物"，征途网络更名为巨人网络。

2007年11月1日，史玉柱旗下的巨人网络集团有限公司成功登陆美国纽约证券交易所，总市值达到42亿美元，融资额为10.45亿美元，成为在美国发行规模最大的中国民营企业，史玉柱的身价突破500亿元。

2009年3月12日，福布斯全球富豪排行榜，史玉柱以15亿美元居468位，在大陆位居14位。

2012年，入选《财富》杂志中国最具影响力的50位商界领袖排行榜，排名第二十二位。

2013年4月9日，巨人网络宣布史玉柱因个人原因辞去CEO一职，该项决议于2013年4月19日生效，史玉柱将继续保留其巨人网络公司董事会主席的职务。

**创业·箴言**

在创业的路途中，有99%以上的困难是你想都没想到过的。

**解析·感悟**

创业者不要先去想创业成功后的财富和荣誉，而是要先做好失败的心理准备。创业的道路，没有失败就没有成功，重要的是从心理和现实中做好战胜困难的准备，坚持下去，这样才能让困难低头，才能取得最终的成功。

**创业·箴言**

创业前，很多困难你都不会把它认为是困难，当它突然成为你的困难时，很多人会承受不了压力，就放弃了，这样的人是一定不能成功的。

**解析·感悟**

古云"骐骥一跃，不能十步；驽马十驾，功在不舍。"创业成功，很多时候都是一场毅力和耐力的较量。为什么史玉柱会说出这样一段话呢，这实际上是他的亲身感受，因为他曾经失败到"无可救药"，被媒体评为"最成功的失败者"，他的创业历程，从电子软件到保健品，再从保健品到网络游戏，都能得出一个结论：没有能力应对失败的人，是没有办法取得成功的。

**创业·箴言**

柳传志给了我很多管理方面的经验，段永基给了我很多宏观理念上的启发。

**解析·感悟**

创业离不开人脉，在人脉经营的过程中，你播种什么就能收获什么，善待他人就是善待自己，商场好似江湖，企业家之间同样有江湖义气。如果没有朋友们在精神上或物质上的帮助，很难想象史玉柱的复活之路会走得如此顺利。

**创业·箴言**

我后来发现宏伟的目标是很可怕的，必然会违背经济规律，会让自己浮躁，让企业大跃进。

**解析·感悟**

合理的成长目标应该是一个经济成就目标，而不只是一个体积目标。如果企业每年都以10%的速度增长，很快就会耗尽整个资源，而且长时期保持高速增长也绝不是一种健康的现象，它使得企业极为脆弱，与稳步发展的企业相比，快速成长的公司有着紧张、脆弱以及各种隐藏的问题，以致一有风吹草动，就会酿成重大危机。

**创业·箴言**

只有在失败的时候，总结的教训才是深刻的，才是真的。

**解析·感悟**

创业要想取得成功，对自己的失败做出反省是必不可少的，因为反省对于那些失败的创业者来说上是一种必不可少的学习能力。创业是一个不断摸索的过程，创业者难免在此过程中不断地犯错误。反省，正是认识错误、改正错误的前提。对创业者来说，失败后反省的过程，就是学习和走向成功的过程。

**创业·箴言**

创业，我觉得核心问题是精神的东西，物质上的东西是次要的。

**解析·感悟**

人是需要一点精神的，创业者尤其如此。纵观古今，创业之路从来未曾有过坦途。拥有积极的创业精神，就可以让创业者始终保持旺盛的斗志、乐观的情绪、坚定的信念和顽强的意志，在艰苦卓绝的创业征程中不畏艰险，矢志不渝，百折不挠。唯有如此，创业之路才会越走越宽，成功的巅峰才会越来越近。

**创业·箴言**

盲目进行多元化扩张必将元气大伤。

**解析·感悟**

中国民营企业面临最大的挑战不是发现机会的能力，而是领导者的知识面、团队的精力、企业的财力问题。现在各领域的竞争都是白热化，企业只有集中精力，形成核心竞争力才能立足，否则，急功近利、盲目多元化就一定会导致元气大伤。

**创业·箴言**

不要只看塔尖，二三线市场比一线的更大。

**解析·感悟**

史玉柱认为，北京、上海、广州这些一线城市的市场容量也就3%，最多到4%，而省会级城市和一些像无锡地区性中心城市加在一起，要远远超过北京、上海、广州这些中心市场。再小一些城市，各个省里面的地级市，全国380多个，这比省会城市更大，而到了县城和县级市他们城镇地区市场又比380个市场更大。再到镇里面，镇里差异少一点，镇里市场比县城市场更大。就是说，中国市场是呈金字塔型的，一般创业者比较关注塔尖，实际越往下市场越大。

**创业·箴言**

毛主席有一句话，得人心者，得天下。假如你要把人心失掉的话，你将来再也不可能重新辉煌起来。

**解析·感悟**

得人心得天下，失人心失天下。人心是创业者最大的优势。要想得人心，就必须坦诚以待，以心换心，如果半真半假或真假混淆，就不会取得下属的真心追随和敬重的。

**创业·箴言**

我从来没有想过自己有什么光辉的一面。我的好处是勤奋，是坚强。别人用5个小时做的事，我会攻三天三夜。

**解析·感悟**

一个创业者也许能够筹到资金，也许能找到好的项目，也许有良好的人脉……但是，这一切如果缺少了勤奋，就全部等于是零。创业是个艰难的路程，在没有天时、地利的情况下，创业靠的就只有勤奋。勤奋是创业者的标签，特别是在创业初期，如果不勤奋，那就没有一点成功的希望。一旦开始创业，就像轨道上的行星，再也无法停止下来，只有用勤奋才能够让自己发展得更快，直到取得成功。

**创业·箴言**

10年前的民营企业，现在还活着的不到20%。主要问题其实不是管理不善，而是财务危机——投资失误导致资金紧张，最后资金链断裂。

**解析·感悟**

无论进入何种行业，你都要保证财务的稳定，这其中很重要的一条就是要有足够的现金流。如果你的公司财务里长时间处于现金流为负的情况，那经营风险就是非常大的，"华人首富"李嘉诚就对现金流非常重视，他曾说过："一家公司即使有盈利，也可以破产，一家公司的现金流是正数的话，便不容易倒闭。"

### 创业·箴言

对于今天巨人网络的成功，当初的失败是一笔财富。失败之后可能有两种人，一种是精神上被打击得太狠了，一蹶不振；另外一种是失败了，但是，顽强的精神还在。只要精神还在，完全可以再站起来。我一直有一个想法，失败是成功之母，成功是失败之父。

### 解析·感悟

从战略上讲，做企业是一件伟大的事业，但是这个伟大的事业是由琐碎、困难和问题组成的。只要做企业，就要日复一日、年复一年地解决这些问题。

在创业的过程中，可能会有很多人嘲笑你，或者是别人做得比你更好，或者是你的产品没有按时开发出来，甚至可能是竞争中输得一干二净。这时候，你最需要的就是坚强。面对失败的时候，最好的办法就是要让自己变得更加坚强，用坚强的心面对这一切，战胜这一切。

### 创业·箴言

营销是没有专家的，唯一的专家就是消费者，也就是你只要能打动消费者就行了。

**解析·感悟**

世界上什么事最难？改变消费者固有的想法最难，比登太阳还难，作为一个创业者，一定不要自不量力地想着去改变消费者的想法。你只能因势利导，他有什么想法，你在想法上面往前导，导到你的产品上面。一定不能说消费者某一个观点是错的，如果说是错的，想改变过来，谁都改变不了。所以做营销策划的时候要把握原则，尽量利用消费者目前的知识和常识，然后引导到你的这个产品上面。

**创业·箴言**

当巨人一步步成长壮大的时候，我最喜欢看的是有关成功者的书；当巨人跌倒之后，我看的全是有关失败者的书，希望能够从中找到爬起来的力量。

**解析·感悟**

对于创业者来说，知识不但可以使创业者掌握专门的技能，更重要的是，可以训练思维方式，对于管理、营销等各个方面会有很好的促进作用。创业者要明白，在信息化的时代，没有什么专家，大学时代换来的一纸文凭是不能够提供终身服务的。创业者要时时刻刻都把自己当作一个小学生，多学习各方面的知识，不仅学习理论知识，而且要学习实践知识；不仅学习自己的专业知识，而且要学习相关专业的知识，用知识为自己的创业打下坚实的基础。

**创业·箴言**

我就是赌徒，这无所谓。什么叫赌？无法预知结果，只能凭借自我感觉做的事情都属于赌博。

**解析·感悟**

其实，史玉柱眼中的"赌"，更确切一点，应该说是冒险。而创业就是一种冒险。

有人把当今最成功的创业人士——巨人的史玉柱、阿里巴巴的马云、盛大的陈天桥——这3位的性格特点做了一个对比，发现他们最大的相同之处，就是都具有强烈不服输的强者性格，天不怕地不怕，言语犀利，行事张扬，说话直言快语，做决策都非常有魄力和大胆，在竞争中往往是最大的搅局者，在企业管理上也比较强势一些。其他如QQ的马化腾、网易的丁磊、百度的李彦宏等虽然相对稳健一些、文雅一些，但性格密码中同样隐藏着不甘人后、不服输、敢为人先的冒险性格。

**创业·箴言**

中国企业的机会太多，丢掉一个机会不可怕，但是投错一个项目，企业就要伤元气，就要完蛋！

**解析·感悟**

有一句老话，叫作"选择不对，努力白费；靠山山倒，靠人人倒。"说明了选择的重要性。而对于创业者来说，更是如此，要慎之又慎。如果在创业初始阶段选错了项目，那即使再努力，恐怕成功也是遥不可及的。

**创业·箴言**

有一个词叫作"美丽的陷阱"，那些看起来很美的东西，可能是一个陷阱。只要你对它感兴趣，就会落入陷阱之中。

**解析·感悟**

中国现在的机会可以说遍地都是，但是有些是机会也是陷阱，如果不能够拒绝，就会使自己陷入失败的泥潭。这一点对于创业者来说，尤其重要。有些创业者急于成功，看到一个机会，就匆匆忙忙去做，结果导致失败。创业者须知，不是所有的诱惑都是机会。有些项目看起来很好，却不适合自己去做，这个时候，要做的就只有一件事：放弃。例如，有些人看到有些连锁加盟店生意红红火火的，就自己也去做，结果别人赚钱，而自己却赔得一干二净。适合别人的，未必适合自己。这个时候就要忍痛放弃。

**创业·箴言**

骗消费者1年，有可能，骗消费者10年，不可能。

**解析·感悟**

产品的质量是企业生存的根本，是商战制胜的根本，也是创业求生存、谋发展的根本。事实证明，一个创业者所选择的项目如果在质量上过不了关，那么无论它有多么美好的前景，多么优惠的服务，多么迷人的外观，都是无济于事的，它可能会欺骗消费者一时，但不可能长久，这个项目最终都会走向失败，这个创业者也会走向失败。总之，创业者只有搞好质量，才有可能奢谈别的一切。

**创业·箴言**

我是一个商人，做的事情就是在不危害社会的前提下，为公司赚取更多的利润。

**解析·感悟**

义，是中国传统文化中所讲的一种道德规范，也是约束人们行为的准则。孟子说："义，人之正路也。"荀子说："夫义者，所以限禁人之为恶与奸者也。""仁中取利真君子，义内求财大丈夫"，作为一个合格的创业者，应该见利思义，义利相济相通，不发不义之财。

**创业·箴言**

能争取国家的优惠政策，尽一切可能争取，但在这个基础上，我给财务的规定是不准偷漏一分钱的税款。这样至少保证公司不会出现大的问题。

**解析·感悟**

在我国，创业者成千上万，其中绝大多数遵纪守法，合法经营，为国家财政贡献力量。但是，也有少数创业者投机钻营，利用种种违法乱纪的手段聚敛财富。他们坑害国家、企事业单位和社会大众，陷入了聚财的死胡同。多行不义必自毙，他们的不法行为最终必然受到社会公众的唾弃，受到税收机关和工商行政机关的严厉查处，直至受到法律的制裁。

**创业·箴言**

一般情况下，一些不懂法、不学法或法律意识淡漠的人，资金一紧张就会做一些他认为合理但不合法律规定的事，这就埋下了坐牢的隐患。我们在创业初期的时候，要具备极强的法律观念。

**解析·感悟**

法律是社会主义市场经济得以生存和发展的"保护神"，创业者学会运用法律武器来保护自己，懂法律，就能拿法律作为自己生产、经营、管理的"护身符"，不学法律，不懂打官司，创业者就得不到这个"护身符"，就要遭人欺负。现在的创业者应该懂得，学会运用法律武器，对于自己来说是搞好经营管理的重要一环。

**创业·箴言**

"脑白金"之所以成功，是因为产品关过得很"精彩"。广告很重要，没有广告肯定不行，但产品是基础。

**解析·感悟**

有些人总认为只要广告做得好，自然就会赚个盆溢钵满。其实，好的产品比广告更重要。就连公认的广告营销天才史玉柱都要在产品上费尽心血，做出好的产品，产品和广告孰轻孰重由此可见一斑。

**创业·箴言**

一个面向千家万户的产品，要想家喻户晓，你说还有什么比广告更快？我想象不出还有什么更好的方法。

**解析·感悟**

广告在现代社会的威力到底有多大，一位资深的美国记者曾这样说："只要有足够的经费，我能使一块砖头被选为州长。"虽然这句话中很明显地有夸张成分，但我们还是可以从中对广告在现代社会中的力量窥见一斑。假如你自信自己的产品质量绝对过硬，但是由于不屑进行广告宣传而生意不佳的话，那么，请你试着去找一家名誉好的广告公司，你会发现，广告真能帮助你创造销售奇迹。

**创业·箴言**

不管观众喜欢不喜欢这个广告，你首先要做到的是给人留下深刻的印象。广告要让人记住。

**解析·感悟**

邓小平有一个很著名的"黑猫白猫论"，可谓亘古不变的真理。他说："不管黑猫白猫，捉住老鼠就是好猫。"借用到广告方面，就是不管是观众喜欢的广告还是观众不喜欢的广告，只要能让人记住，能帮助把产品卖出去，那就是好广告。

**创业·箴言**

我做《征途》考虑的就是玩家的需要，而不是什么行业规则。

**解析·感悟**

选准了行业，但怎么抓住消费者？为这个问题绞尽脑汁的企业家数不胜数，但恐怕极少有人能像史玉柱那样，每做一行都先把自己置于消费者的地位来考虑每个细节：消费者究竟需要什么？"谁消费我的产品，我就要把他研究透。一天不研究透，我就痛苦一天。"史玉柱说，"营销是没有专家的，唯一的专家是消费者。你要搞好策划方案，你就要去了解消费者。"

**创业·箴言**

我觉得毛主席的原则是对的，我集中我的全部人力、物力、财力，集中于一点，没有把握把一个城市攻下来，你先别忙着打第二个城市。

**解析·感悟**

创业者应该明白专注的道理，看看现在的知名企业家，或许他们也涉足了别的领域，但无疑都是有一个核心业务或者是在一个领域已经取得成功的，马云做电子商务，黄光裕做家电连锁，李彦宏做搜索引擎，史玉柱保健品做成功了才选择做游戏……华人首富李嘉诚倒是涉足了很多行业，但就像他所说的，永远保证有一个赚钱的项目。

**创业·箴言**

我用"巨人"命名公司，就是要做中国的IBM，做东方的巨人。

**解析·感悟**

众所周知，企业产品的"牌子"对消费者的选购是有直接影响的，企业产品命名的好坏，与产品的销售之间有极大的关系。命名恰当，可以扩大影响，增加销售；命名不当，则可能减少销量。日本学者山上定也指出："现在销售商品的条件是什么?一是命名，二是宣传，三是经营，四是技术。"他就把命名列为畅销商品的第一条件。

**创业·箴言**

我要向丁磊、陈天桥学习，向丁磊、陈天桥致敬，向丁磊、陈天桥靠拢。

**解析·感悟**

学习是出人头地的必然前提。你若想在哪一个行业做出一番成绩，成就一番事业，就要勇敢地向你的同行中的前辈、成功人士学习，事实上，这并不是一件多丢面子的事。你应该公正地评估自己的目标和能力，然后模仿学习，调整适应，如果肯努力的话，有时还能超越你原来学习的对象；相反，如果为了面子而逞能，那等待你的很可能是失败。

**创业·箴言**

要做一个产品必须要做第一品牌，否则很难长久，很难做得好，不做第一就不能够真正获得成功。

**解析·感悟**

商场竞争需要"要么不做，要做就做第一"的胆识和气概。只有制定舍我其谁、抢占第一的目标，才有可能抢占先机，保持领先地位，成为行业的龙头老大。

**创业·箴言**

一旦出现重大的商机，你能不能把握住，魄力很重要。

**解析·感悟**

《聊斋志异》里有个故事，说一个叫叶天士的著名中医，在为自己的母亲治病时，有一味药他拍不了板，他知道，这味药如果加对了会治好母亲的病；用错了母亲的病会恶化，甚至有死亡的危险。这时，他犹豫不决地转而询问另外一位中医，那位中医坚决地认为应该加。当别人问他为什么应该加药时，他毫不避讳地说：因为治好了叶天士的母亲的病，我可以借此名扬天下；即使万一治不好，反正是别人的妈不是自己的妈。著名企业家柳传志对这个故事深有感触，他说："企业家是什么？企业家就是把公司当作自己的妈还敢下药治病，而且有能力把药下对把母亲的病治好的人。"由此可见，创业者魄力、胆略和勇气是何等的珍贵，又是何等的壮烈！

**创业·箴言**

　　一个人应该把自己的心胸打开，好听的声音要接受，不好听的应该当作良药。

**解析·感悟**

　　良药苦口，但利于治病。同样的道理，不好听的声音虽然不易接受，但往往会对你有用。人的一种本能就是喜欢听好听的话，同样也就喜欢远远地躲开那些不好听的话。然而，生活中没有那么多的随心所欲，由于各种各样的原因，我们经常要听到不好听的声音，这就需要用到一些技巧，那就是用谦虚的态度对待每一种声音，接受那些你不喜欢、不好听但正确的声音。

**创业·箴言**

　　做你最擅长做的事，做你最喜欢做的事。不太了解的事最好不要做。

**解析·感悟**

　　作为一名创业者，要一心一意、全心全意地去做熟悉、了解的行业，千万不要人云亦云，盲目跟风，不要好高骛远，也不要打一枪换一个地方。如果能做到这一点，那么，公司就很可能会赚到钱。

**创业·箴言**

既然想创业，尤其是在初期的时候，一定要给自己的万丈雄心做一个精密细致的策划。

**解析·感悟**

企业的发展，"稳健"永远比"成长"重要，因此创业者要有跑马拉松的耐力及准备，脚踏实地，不可存有抢短线的投机做法。

创业初期，要全面系统地分析所选行业长期发展的有利条件和不利因素，或者说，存在哪些方面的机会和威胁。然后，依据上面的分析，做出正确的选择。那些选择起点高、规模大、投资多、周期较长的行业的公司，因为面临的风险也较大，掉头换行又不容易，所以在选择行业前尤其要具有长远的眼光，认真搞好长远规划工作。

战场上，军事家就是战略家；商场上，杰出的商人也是成功的战略家。只有从战略的角度审时度势，才能如置身泰山极顶，"会当凌绝顶，一览众山小"。决不能鼠目寸光，急功近利，否则将难有作为。

**创业·箴言**

要想在中国取得成功，增强凝聚力是你必须要迈过的一个坎。

**解析·感悟**

团队凝聚力是维持团队生存的必要条件，对团队的潜能发挥有着重要作用。如果一个团队丧失凝聚力，就会像一盘散沙，难以维持下去，并呈现出低效率状态；凝聚力较强的团队，其成员工作热情高，做事认真，并有不断的创新行为。

作为团队的领导人，在给予每位团队成员自我发挥的空间的同时，要破除个人英雄主义，搞好团队的整体搭配，形成协调一致的团队默契。同时，还需让团队成员懂得彼此之间相互了解、取长补短的重要性。如果能做到这些，团队就能凝聚出高于个人力量的团队智慧，创造出惊人的团队绩效。

**创业·箴言**

　　一个公司的规矩太重要了，谁都无权破坏。管理必须无情。

**解析·感悟**

　　对于创业者来说，在团队内部，一定要形成一套科学有效的管理机制，使公司能够时刻保持正常的运转，这样，整个团队才能对市场的任何变化都保持高度的敏锐，创业者也才能快速、准确地做出反应，使自己永远掌握主动权。上令下达、下情上达，确保整个团队的密切联系，对团队内部的潜在问题时刻给予关注，才能防患于未然，确保整个团队的健康。

**创业·箴言**

　　消费者最迷信的人是他所认识的人，口碑的杀伤力最大，成本也最低。

**解析·感悟**

　　口碑营销是当今世界最廉价的信息传播工具，也是可信度最高的传播媒介，更是培养消费者忠诚度最快、最好的方法，被现代营销人视为具有病毒特色的营销模式。特别对于那些营销资源有限的中小企业或弱势品牌以及初涉经营的创业者来说，口碑营销更是市场制胜的有力法宝。

**创业·箴言**

最痛苦的时候，压力最大的时候，脑子里面只有一件事儿的时候，我把全国分公司经理招到荒山脚下北大门那个地方有个招待所里面，然后就在那个地方闭门开批判会。大家批判我，批判了三天三夜，我觉得那个批判会就对我很有用。

**解析·感悟**

赞美的声音太多会使人双眼蒙蔽，内心膨胀，看不清自己。创业者想少走弯路，就必须认清自己的缺点，如何认清呢？自省是一种重要的手段，经常被人敲打也是一种很好的方法。

第三章　柳传志创业感悟

**创业档案**

柳传志，中国著名企业家、投资家，曾任联想控股有限公司董事长、联想集团有限公司董事局主席。

1944年4月29日，柳传志出生于江苏省镇江市。

1961—1967年，在西安军事电讯工程学院学习。

1967—1968年，在国防科委成都十院十所工作。

1968—1970年，在广东珠海白藤农场劳动锻炼。

1970—1983年，在中科院计算所工作。

1984年，以20万元人民币资本，与其他10名计算所员工共同创办中科院计算所新技术发展公司。

1986年，任联想集团总经理。

1988年，香港联想成立，柳传志成为香港联想董事局主席。

1990年，获得第二届全国科技实业家创业奖金奖第一名。

1993年，被国家科委评为"火炬计划先进工作者"。

1994年，获北京市第二届"科技之光"优秀企业家奖，被评选为北京市电子行业优秀企业家，当选"中国改革风云人物"。

1995年，被评为全国劳动模范。

1997年，北京联想与香港联想合并，出任联想集团董事局主席。同年，当选为全国工商联副主席。

1998年，当选九届全国人大代表。

2000年1月，被美国《财富》杂志评选为"亚洲最佳商业人士"，同年6月，被美国《商业周刊》评选为"亚洲之星"。

2001年1月，在国内被100名权威经济学家、财经记者评选为"CCTV年度经济风云人物"，并两次蝉联《北京青年报》第一、第二届"财富年度人物"及中国企业联合会"2000年最优秀企业家"。

2001年，将联想分拆为联想集团和神州数码两家公司，任联想集团董事局主席及联想控股公司总裁。

2003年，成立弘毅投资有限公司，任命赵令欢为弘毅投资公司的总裁。同年4月，宣布联想集团启用集团新标识"Lenovo"替代了"Legend"。

2004年3月26日，代表联想集团与国际奥委会签署合作协议，成为第一家与国际奥委会建立全球合作伙伴的中国企业。同年12月，柳传志正式对外宣布，联想集团以12.5亿美元收购IBM PC和笔记本所有业务。

2005年，在由计算机世界报社主办的中国IT"两会"(中国IT财富年会、中国信息主管年会)上获得"中国IT卓越成就奖"。

2006年4月28日，荣获2005年度中国最受尊敬企业奖及国际商务学会2006年度"杰出执行官"。

2007年，以14 090万元的个人品牌价值位居2007年《中国个人品牌价值百强榜》第一名。

2008年，成为《财富人生》2008年的封面人物。

2009年9月，任联想控股公司董事长。

2011年11月，卸任公司董事会主席。

2012年6月，柳传志辞去联想控股总裁职务。经柳传志提名，董事会一致通过，任命公司原常务副总裁、执行委员会成员朱立南为联想控股总裁；柳传志继续担任公司董事长、执行委员会主席。

**创业·箴言**

愿景是指企业想往哪个方向发展。愿景对于战略设计非常重要，企业愿景如果不明确，肯定是不行的。

**解析·感悟**

关于愿景，企业要思考三个问题：第一个问题，我们的企业是什么？第二个问题，我们的企业将是什么？第三个问题，我们的企业应该是什么？这也是思考企业文化的三个原点，这三个问题集中起来体现了一个企业的愿景，也就是说，要弄明白企业愿景就需要回答这么三个问题：我们要到哪里去？我们未来是什么样的？我们的目标是什么？

**创业·箴言**

走上创业路前一定要尽量想清楚三层意思：第一，项目能不能赚钱？行业前景有多大？技术做得很领先，但未必都能赚钱。第二，一些门槛能否迈得过去？联想最早选择先做汉卡，插在别人的电脑上卖。没有直接做电脑，是因为当时还没有独立做电脑的实力。第三，有没有搞清楚竞争对手的情况？有时项目虽好，但竞争对手太强大，自己的项目又太烧钱，创业者可能还没等到胜出就败了。

**解析·感悟**

中国有句俗话，"隔行如隔山"。尽管社会生活中的各行各业是紧密地联系在一起的，但是每个行业之间存在着许多你看得见与看不见的隔阂和区别，每个行业都有其自身的经营之道。所以，无论你是久经商场，还是初出茅庐，如果你这次创业要涉足一个你自己并不熟悉的领域，一定要慎之又慎，绝对不能盲目从事。所谓的"量体裁衣"说的就是这个道理。

**创业·箴言**

吃着碗里的，还要看着锅里的。

**解析·感悟**

当你做着胶卷的时候，数码相机出现了，你在市场上就站不住脚。所以，创业团队，特别是团队的一把手，吃着碗里的，还要看着锅里的，这不是贪婪，而是做大做强的智慧。

**创业·箴言**

每个人都面临着挫折和失败的可能，这是我们每个人人生经历的一部分。

**解析·感悟**

人的一生不可能一帆风顺，总会经历许多挫折和失败，关键是我们该如何应对挫折和失败。正确的应对方法是将其当作一种宝贵的人生经历，以一种坚强面对困难，以一种信心面对失败，以一种勇敢面对现实。

**创业·箴言**

为了我们自己不摔跟头，我们总得看人家为什么摔跟头，把这些问题分析清楚，我觉得不断去研究形势是非常重要的。

**解析·感悟**

所有的创业者都应该多花点时间，去学习别人是怎么失败的。谁都会犯错，犯错误并不耻辱，不承认自己犯错误才是一种耻辱。失败就像电脑死机，电脑死机不可怕，可怕的是没有存档。失败也是一样，失败本身没什么，就怕你没从失败中学到什么。

**创业·箴言**

企业做什么事，就怕含含糊糊，制度定了却不严格执行，最害人。

**解析·感悟**

执行力是企业经营成败的关键。高绩效从学会执行开始。任何企业只有在规章制度面前，不搞变通，不打折扣，说到做到，做就做好，企业才会政令畅通，上行下效，才会走上高速发展的通道。所有取得卓越成就的企业家，都会经常强调"言必信，行必果"的道理。

**创业·箴言**

德才兼备最好，实在不能兼得的时候，应该将"德"放在第一位。

**解析·感悟**

一个人才气很大、德行不好，对公司的破坏性就可能非常大。一个人智力有问题，是次品；一个人德行有问题，那就是危险品。所以，对于创业者来说，一方面要用有才能的人，另一方面还要注意他的德行，如果德行不过关，就最好不要用，即使用也要加倍小心。

**创业·箴言**

人的带动是夯一层撒一层土，夯实了再撒一层，不然是带动不了的。

**解析·感悟**

史玉柱在创业初期最辉煌的时候曾对柳传志说，准备在一年内发展10000多位中层干部，以带动更多的千军万马。柳传志则认为：人的带动是夯一层撒一层土，夯实了再撒一层，不然是带动不了的。史玉柱这样迅速发展业务，是危险的，他把所有的边界条件都按最好的方向设想，稍微一个环节一垮就要出事。果然，史玉柱由于发展过快导致巨人大厦轰然倒塌。

**创业·箴言**

好的企业就像是一支军队，令旗所到之处三军人人争先，个个奋勇，退却时阵脚不乱，好比一个斯巴达克方阵。

**解析·感悟**

军队是一个有组织有纪律的高效团队。用经济学家的眼光衡量，决定一个国家富裕和贫穷的砝码是效率，决定企业赢利能力的也是效率，而人类最有效率的就是军队。如此种种，军队的文化，军队的使命，军队的理念，军队的训诫，军队的机制，以及军队的纪律等方方面面，只要能显示军队的精神，就都是企业学习的榜样。

**创业·箴言**

没有一个班子而只靠一个人的领导肯定是不行的。

**解析·感悟**

只有一个人领导的话，领导不在，原来制定的东西马上就会走样。好一点的结果是阳奉阴违，坏的结果就是完全不照着做。因此，领导如果真的要树立威信，希望自己制定的东西能够顺利实现的话，就要有一个好的班子，有了班子以后，才能群策群力。

**创业·箴言**

总裁必须能够心怀坦荡，站得更高，做得更多，一切为了企业的利益，这时候你才能成为这个企业的核心。

**解析·感悟**

柳传志总是把联想的未来与中国的信息产业、中国的高科技产业、中华民族的振兴联系在一起，这可以看作是一种策略，但其实这是一种眼光、一种境界、一种胸怀。正是因为心胸开阔，立意高远，目标明确，使得联想在短短的20年内，经过不断的磨砺、探索和学习，在与国际强手直接交锋中初战告捷，走出了一条高科技产业化的道路；在结合西方企业先进管理经验上提炼出的具有联想特色的企业管理理念，形成了企业的核心竞争力；使联想从IT业务领域不断走向风险投资等全新的业务领域，以寻求更大的进步和发展。而柳传志本人也被赞誉为"国内管理学的代言人""几乎完美的企业战略家""中国企业教父"。

**创业·箴言**

做领导的完全跟着业绩的风向转，那谁都会当领导。

**解析·感悟**

考察人才不能只看短期业绩。在柳传志看来，做领导的完全跟着业绩的风向转，那就不是一个合格的领导，关键在于能否把企业的利益放在第一位，从而推动长期业绩。

**创业·箴言**

联想在带队伍方面是做得比较好的。我们对员工，尤其是对骨干员工有很好的激励方式。激励分两方面：一是物质激励，二是精神激励。

**解析·感悟**

企业领导一定要在公司内部建立起奖勤罚懒的激励机制，用各种物质的、精神的手段，对做出业绩者给予表彰和鼓励，对毫无建树、甚至造成较大失误的人给予批评和处罚，这样，才能在公司中形成人人争先的良好局面。

**创业·箴言**

人才是利润最高的商品，能够经营好人才的企业才是最终的大赢家。

**解析·感悟**

现代企业的竞争，归根结底是人才的竞争，从这个角度来说，人才是企业之本。现在我们经常从媒体上看到某某企业以百万元年薪招聘经理厂长或专业人才，某某企业标出数十万元年薪聘用高技术和科技人才的消息。企业之所以愿意花大价钱聘用人才，是因为企业的经营者明白，如今是市场经济、知识经济时代，"知识即财富，人才即利润"，可以说，这是知识经济最典型的一个特征。

**创业·箴言**

在90年代初的时候，有一次我看到我下边的年轻人跟他的下属发脾气，说话相当伤人，给我很大的反感，后来我问他你为什么要这样呢，他说柳总你也有脾气，所以我觉得这是魅力的表现。听了以后，真的是给自己从侧面一个镜子，我以后就控制自己不再发脾气。一个人只要有一个更高的目标，根据这个目标改变自己，我想学习能力强的人都能做得到。

**解析·感悟**

做一个有理智、能自我控制的人是很难的，但也是很重要的，它是最主要的做人的美德之一。对创业者来说，这一点更加重要，如果不能控制住自己的脾气，那么一切都可能会因失控而毁掉。

**创业·箴言**

创业之前，我太太想方设法叫我戒烟，我死活不肯，但是到我决心说要戒的时候，就在心中暗暗起了一个誓：如果再抽烟，我这个企业就办不好。从此就没再抽过。但这么多年里，我夜里梦见自己抽烟大概不下20次，倒不是想抽烟，而是在梦里我想到自己没遵守规定，都被吓醒。大概创业10年之后，还会做这样的梦，最近这些年倒没有了。

**解析·感悟**

成大事者，大都有非凡的自制力。联想的11人创业团队有6人吸烟，当时每个人收入微薄，公司买的招待客户的烟究竟被如何用掉，谁也说不清楚。最终，柳传志带头戒烟，20多年再未染指。其自制能力可见一斑。

**创业·箴言**

当两只鸡一样大的时候，人家肯定觉得你比他小；当你是只火鸡，人家是只小鸡，你觉得自己大得不行了吧，小鸡会觉得咱俩一样大；只有当你是只鸵鸟的时候，小鸡才会承认你大。

**解析·感悟**

这里说的其实是鸵鸟理论，目的是提醒自己应有自知之明，提醒我们从别人的角度考虑问题。作为创业者，千万不要把自己的力量估计得过高，你一定要站在人家的角度去想。你想取得优势，你就要比别人有非常明显的优势才行。所以，当我们还不是鸵鸟时候，说话口气不要太大。

**创业·箴言**

看画，退到更远的距离，才能看得清楚。画油画的时候，离得很近，黑和白是什么意思都分不清楚；退得远点，能明白黑是为了衬托白；再远点，才能知道整个画的意思。用这个比喻是为了时时提醒我们牢牢记住目标，不至于做着做着就做糊涂了，不至于游离目标之外。

**解析·感悟**

确定战略目标，需要摆脱事务的缠绕，展开视野，有时要静一静心，找个世外桃源那样的地方，集中思考，做出决策。其实，任何事物的辨别都如同看画，需要一定距离，需要屏心静气。否则就会陷入"只在此山中，云深不知处"的境地。制定战略的时候，我们要反反复复细心观察，然后小心翼翼地、轻手轻脚地去踩，去试。当踩过三步，五步，十步，二十步，证实了脚下踩的确实是坚实的黄土路的时候，则毫不犹豫，撒腿就跑。这个去观察，去踩，去试的过程是谨慎地制定战略的过程，而撒腿就跑则是坚决执行的过程。

第四章　俞敏洪创业感悟

**创业档案**

　　俞敏洪，新东方创始人，现任新东方教育集团董事长。

　　1962年10月，俞敏洪出生于江苏省江阴市。

　　1978年、1979年高考两次失利后，俞敏洪在1980年报名江阴市第一中学高考辅导班，并于当年考入北京大学西语系，期间患病（肺结核）休学一年，

　　1985年北京大学毕业，留校任职。

　　1991年，在外做兼职受北大处分后辞职，进入民办教育领域，先后在北京市一些民办学校从事教学与管理工作。

　　1993年11月，俞敏洪创办了北京市新东方学校，担任校长，从最初的几十个学生开始了新东方的创业过程。

　　2000年，俞敏洪及其创业团队成立了东方人投资有限公司，向教育产业化运作迈开了一大步。同年，新东方与联想合作，由联想注资5000万，新东方出品牌资源各占50%股份成立了联东伟业科技发展有限公司，专门从事新东方远程教学。

2003年，成立新东方教育科技集团。

2006年，新东方在纽约证券交易所上市。

2009年，获评CCTV年度经济人物.

2010年，获"中国最具魅力校长"称号.

2011年，荣登《福布斯》世界富豪榜.

2013年，入围2013胡润全球富豪榜。

## 创业·箴言

人有一种生活方式是像草一样地活着，你尽管活着，每年还在成长，但是你毕竟是一棵草，你吸收雨露阳光，但是长不大。人们可以踩过你，但是人们不会因为你的痛苦而产生痛苦，人们不会因为你被踩了，而来怜悯你，因为人们根本就没有看到你。所以，我们每一个人，都应该像树一样地成长，即使我们现在什么都不是，但是只要你有树的种子，即使你被踩到泥土中间，你依然能够吸收泥土的养分，自己成长起来。当你长成参天大树以后，即使在遥远的地方，人们都能看到你，走近你，你能给人一片绿色。活着是美丽的风景，死了依然是栋梁之材，活着死了都有用，这就是我们每一个人做人的标准和成长的标准。

## 解析·感悟

当你是地平线上的一棵小草的时候，你有什么理由要求别人在遥远的地方就看见你？即使走近了，别人也可能会不看你，甚至会无意中一脚把你这棵草踩在脚底下。当你想要别人注意的时候，你就必须变成地平线上的一棵大树。人是可以由草变成树的，因为人的心灵就是种子。你的心灵如果是草的种子，你就永远是一棵被人践踏的小草。如果你的心灵是一棵树的种子，你早晚有一天会长成参天大树。不管你是白杨树还是松树，人们在遥远的地方都能看见在地平线上成长的你。当人们从你身边经过的时候，你能送他们一片绿色、一片阴凉，他们能在树下休息。因此做人的要求是：你自己首先要成为地平线上的一棵大树，因为当你是草的时候，你没有理由让别人注意到你。

**创业·箴言**

既靠天，也靠地，还靠自己。

**解析·感悟**

自力更生无疑是励志的，但借助他人未必使人堕落。一味地只凭一己之力，最多是一种硬气，而学会借助、整合来自他人的更多的"一己之力"，才是一种大气。

**创业·箴言**

只有知道如何停止的人才知道如何加快速度。

**解析·感悟**

这句话可以用一个形象的比喻来诠释，宝马可以上200公里，奇瑞却只能上120公里，为什么呢？发动机估计不相上下，差距在刹车系统，如果奇瑞上了200公里，就刹不住车了。

**创业·箴言**

你是在做一件生意，对生意本身要热爱，对赚钱要热爱，但是对你做的事情本身要更热爱，这决定你未来是不是能把事情做成功。

**解析·感悟**

只有热爱，才能全身心地去投入进去。如果你不热爱做生意、不热爱赚钱、不热爱这项事业，那就难以取得太大的成功。

**创业·箴言**

运气不可能持续一辈子，能帮助你持续一辈子的东西只有你个人的能力。

**解析·感悟**

力是进取之力，命是自然之命；力与命紧密相连，命与力因果相关；有什么样的能力，就会有什么样的命运；而"命"的最终取向，除了自身努力外，还必须借助运气，当然，不可能全指望运气，最重要的还是能力。

**创业·箴言**

人生的奋斗目标不要太大，认准了一件事情，投入兴趣与热情坚持去做，你就会成功。

**解析·感悟**

没有什么比热情更重要。不论你想要在生命中追求什么，不论你做什么工作，都要对其保持热情。记住，是兴趣和热情帮助你赢得最后的胜利，而不是背景和身份。

**创业·箴言**

哪怕是最没有希望的事情，只要有一个勇敢者去坚持做，到最后就会拥有希望。

**解析·感悟**

当成功的机会只有百分之一甚至更小的时候，你会去做吗？

面对这个问题，相信会有很大一部分人选择望而却步，但真正能成大事的人一定会接受这个挑战，即使只有百分之一甚至更小的成功机会，他们也会做出百分之百的努力，通过这种努力去把握这种机会。真正有勇气敢于挑战百分之一概率的人，虽然也有可能挑战失败，但迟早会抓住机遇收获成功。

**创业·箴言**

男人的笑是一种魅力，男人的坚强体现在笑容背后，而不是体现在严峻的外表。

**解析·感悟**

男人应该有勇气用笑容包容一切，包括挫折和眼泪。从容地笑对困难，更能体现人生的淡定，也更能体现男人的魅力。

**创业·箴言**

为了不让生活留下遗憾和后悔，我们应该尽可能地抓住一切改变生活的机会。

**解析·感悟**

只有一种人是永远失去了改变自己人生的机会的，那就是——死人，所以，只要自己还活着，有什么是不能改变的呢？生活可以用很多方式表现，只要还能呼吸，我们就有很多事情可以继续。即使是失去了一条腿的青蛙，也还能靠着水流，到达它梦想的天地。我们又岂能因一点点的不幸而失去对生活的希望？

**创业·箴言**

对于我们最重要的是什么？是经历。

**解析·感悟**

人的一辈子就是经历的过程。一辈子可以选择很多不同的经历，你可以很懒散什么都不做，你可以一辈子都待在城市或者村庄，你也可以一辈子走遍世界。这一切都来自你的一颗心，你的心想要什么，人是随着心动的，心走到哪里，人就走到哪里。

**创业·箴言**

有些人一生没有辉煌，并不是因为他们不能辉煌，而是因为他们的头脑中没有闪过辉煌的念头，或者不知道应该如何辉煌。

**解析·感悟**

世上最难攻破的是"心理牢笼"，但是每个人都有攻破"心理牢笼"的潜力，只要你有这个勇气。现实生活中，有不少人喜欢用自己不懂的事情塞满自己的脑袋，把一些不相干的事与自己联系在一起，造成了心理障碍。殊不知，你没有做到，很多时候并不是你不能做到，而是你没有想去做或者不知道如何做，成功也罢，辉煌也罢，都是如此。

**创业·箴言**

上帝制造人类的时候就把我们制造成不完美的人，我们一辈子努力的过程就是使自己变得更加完美的过程，我们的一切美德都来自于克服自身缺点的奋斗。

**解析·感悟**

苏格拉底说："让那些想要改变世界的人首先改变自己。"克服自身缺点，就是一个自我修养的过程，就是一个使自己更加完美的过程。完成了这个转变过程，人就成熟了，就会很从容，在和别人共事的过程中，在和别人合作的过程中，在和环境共处的过程中，就都会游刃有余了。

**创业·箴言**

我认识的中国所有创业成功的人，都没有一下就把事情干成的。只有每一步都给自己打下坚实的基础，每一步都给自己很好的交代，才会把事情真正做成功。

**解析·感悟**

做事情不可能一下子就成功，建一座稳固的房子，就要先打好地基，地基扎实了，多高的楼都可以建成。

**创业·箴言**

所有的人都是凡人，但所有的人都不甘于平庸。我知道很多人是在绝望中来到了这里，但你们一定要相信自己，只要艰苦努力，奋发进取，在绝望中也能寻找到希望，平凡的人生终将会发出耀眼的光芒。

**解析·感悟**

在我们的日常生活中，除非你不去想"希望"和"绝望"这两个词，一旦你想到"希望"和"绝望"这两个词，你想的更多的是你生活中绝望的一面。可以说我们生活的80%到90%是由绝望组成的，而在绝望中你要想保持精神不崩溃，就要学会从绝望中找到一线希望，并为此努力下去。

**创业·箴言**

生命，需要我们去努力。对于工作，我们要努力锻炼自己的能力，掌握知识、掌握技能、掌握必要的工作经验。

**解析·感悟**

成功，需要我们去努力奋斗。机会，需要我们去努力寻找。活着，就要鼓起勇气，运用智慧，把握每一分钟，努力创造出一个更加精彩的人生。

**创业·箴言**

每条河流都有一个梦想：奔向大海。长江、黄河都奔向了大海，方式不一样。长江劈山开路，黄河迂回曲折，轨迹不一样，但都有一种水的精神。水在奔流的过程中，如果像泥沙般沉淀，就永远见不到阳光了。

**解析·感悟**

像水一样不断地积蓄自己的力量，不断地冲破障碍。这样，当你发现时机不到的时候，就把自己的厚度给积累起来，当有一天时机来临的时候，你就能够奔腾入海，成就自己的生命奇迹。

**创业·箴言**

事业是一种结果。任何事情只要还在做，就不能算成功了。一个人只要还活着的时候，就不能说他成功了，因为有摔倒爬起来的，就有爬起来再摔倒的。

**解析·感悟**

成功和失败的关系是辩证的，事物只要在发展，就无所谓最终的成功或失败。你摔倒一万次，只要你一万零一次敢于站起来，就不是失败；你摔倒十次，你第十一次趴在地上起不来了，你就是一个失败者。

**创业·箴言**

谁说"机会面前，人人平等"。我相信，个人奋斗制胜，攫取成功的精神财产将永远贫富不均。在浩瀚的生命之岸，你应该自豪地告诉世界，你追求过，你奋斗过，你为了辉煌的人生从来没有放弃过希望，从来没有停止过拼搏。而这个造就了万物的世界也将自豪而欣慰地回答你：只要奋斗不息，人生终将辉煌。

**解析·感悟**

辉煌的背后是奋斗。有一首《敢拼才会赢》的现代歌曲，曾经在青年群体中颇为流行，其中有这样两句："向着理想靠近，让每个角落都能听到你声音，随着梦想的牵引，大步走向光明，凭着实力闯世界，敢拼才会赢。"没有奋斗精神做依托，就不会在各种风险各种挑战磨难面前的"敢于打拼"；没有奋斗精神做支撑，就不会有甘冒风险、敢于担当的顽强追梦和成功圆梦。"创业梦"是奋斗梦。在实现"创业梦"的伟业中，奋斗精神一定能够更加洋溢和扩大开来，并在鼓舞和推动创业者不懈追梦中，创造出无愧于时代、无愧于未来的辉煌成就。

**创业·箴言**

在我们的生活中最让人感动的日子总是那些一心一意为了一个目标而努力奋斗的日子，哪怕是为了一个卑微的目标而奋斗也是值得我们骄傲的，因为无数卑微的目标累积起来可能就是一个伟大的成就。金字塔也是由每一块石头累积而成的，每一块石头都是很简单的，而金字塔却是宏伟而永恒的。

**解析·感悟**

大成功是由小目标所累积的，每一个成功的人都是在达成无数的小目标之后，才实现他们伟大的梦想。在实现目标的过程中，不放弃，就一定有成功的机会，如果放弃，就是失败。

**创业·箴言**

什么是有目标呢?如果你早上起来，发现今天什么事都不用做，第一天，也许你感觉挺轻松，第二天，会很迷茫，第三天，就想找栋高楼跳下去。有目标，就意味着心中有一个梦想，想去实现。

**解析·感悟**

所谓有目标，就是要坚持自己的理想。关于目标，有两个问题要想明白，一是你这一辈子到底想做什么；二是有了目标以后，要如何去实现。

### 创业·箴言

光有奋斗精神是不够的，还需要脚踏实地地一步一步地去做。要先分析自己的现状，分析自己现在处于什么位置，到底具备什么样的能力，这也是一种科学精神。你给自己定了目标，你还要知道怎么样去一步一步地实现这个目标。从某种意义上说，树立具体目标和脚踏实地地去做同等重要。

### 解析·感悟

一个人无论做什么事，有什么样的条件，在什么样的环境中，只要他能有自己的奋斗目标，并为此脚踏实地地做下去，那么人生必然成功。所以说，目标是动力，脚踏实地的奋斗是条件，只要做到了这两点，你就一定能成功。

### 创业·箴言

要引人注意，就要研究一个非常专业的领域，在那个领域中，你是最顶尖的，至少是中国前十名，这样无论任何时候你都有话说，有事情可做。我俞敏洪原来想成为中国研究英语的前100名，但后来发现根本不可能。所以我就背单词，用一年的时间背诵了一本英文词典，成为中国单词专家，现在我出版的红宝书系列，从初中到GRE词汇有十几本，年销量100万册，稿费比我正式工作都高得多。

### 解析·感悟

创业成功者往往是专注于一个领域，将其做深做透做专，做细致做完全做彻底，做到尽善尽美，做成绝技，做成专家。而失败者做了许多事，猴子掰玉米，做一件丢一件，没有一件弄懂、弄通、弄明白。结果是什么都不懂什么都不会，结果是说什么都天花乱坠，干什么都一塌糊涂，结果是几十年一事无成，老之将至还在寻找赚钱项目。

**创业·箴言**

年纪大了，人们看重的不再是外表，不是你帅不帅，而是看你内心的魅力，你的气魄、气概。

**解析·感悟**

做人不论年龄大小，不论是男是女。他之所以被人看重，往往不是他的背景，也不是他的外貌，更不是他的地位，而是看他内在的气质、内心的魅力、办事的气魄、做人的气概。

**创业·箴言**

你要做鲁冠球的万象集团，做柳传志的联想集团，做马云的阿里巴巴，那你几乎每天都要干很多的工作，没有耐心怎么行?什么叫伟大?我们每个人的日常生活其实都是一样的，但一个平凡的人每天都过着琐碎的生活，而伟大的人是把琐碎的事情积累起来，变成伟大的事业。

**解析·感悟**

人与人之间在生命的本质上都没有什么差别，只不过伟大的人有耐心把每天的琐碎的生活变成伟大的事业。

**创业·箴言**

每天要多努力一些，比别人多努力一个小时。

**解析·感悟**

成功的路遥远而艰辛，路边倒毙的每一具尸体都曾是一个在起点上充满信心、跃跃欲试的活生生的人，对这条路的尽头有无限的憧憬。而最终能取得成功的，必然是那些比常人多一点刻苦、多一点忍耐、多一点坚持、多一点努力的人。

**创业·箴言**

做人要大方、大气，不放弃！

**解析·感悟**

能成功创业的人都有一个共同的特点，即意志顽强，坚韧执着，绝不轻言放弃。只要认定自己所选择的创业道路是正确的，那他就会以顽强的毅力一直走下去，哪怕前进的路上布满荆棘也会不达目标誓不罢休。坚韧顽强是创业者必备的素质，这种素质也就是人们通常所说的毅力。缺少这种素质，即使你有再美好的创业计划，有再好的创业条件也会与成功无缘。

**创业·箴言**

世界上没有绝对的公平，公平只在一个点上。心中平，世界才会平。

**解析·感悟**

绝对公平在这个世界上是不存在的，如果因为遭遇点不公而整天耿耿于怀，那么受苦的只会是你自己。面对不公平的待遇，请记住一句话：人只能学着去适应这个社会，而不是妄想让这个社会去适应你。在面对不公平的时候，最重要的是心态，把心态放平，一切就都平了。

**创业·箴言**

名次和荣誉，就像天上的云，不能躺进去，躺进去就跌下来了。名次和荣誉其实是道美丽的风景，只能欣赏。

**解析·感悟**

创业者无疑是最接近名和利的人之一，这使创业者比常人拥有了更多的得到幸福的机会，但是，另一方面，也使创业者更加容易在名与利中迷失自我。创业者如果沉溺于名利，就很容易在飞上天空后又摔下来。

**创业·箴言**

艰难困苦是幸福的源泉，安逸享受是苦难的开始。

**解析·感悟**

生活是什么？"生活是一条路，怎能没有坑坑洼洼；生活是一杯酒，包含着酸甜苦辣"。生活之路坎坷不平，祸福相依，只有勇于承担磨难，才能享受幸福，而享受幸福，又是承担磨难的动力；因此，我们既要承担生活的磨难，又要享受生活赐予的幸福。唯其如此，我们才必须努力奋斗而不能安逸于享受。

**创业·箴言**

生活中其实没有绝境。绝境在于你自己的心没有打开。你把自己的心封闭起来，使它陷于一片黑暗，你的生活怎么可能有光明！封闭的心，如同没有窗户的房间，你会处在永恒的黑暗中。但实际上四周只是一层纸，一捅就破，外面则是一片光辉灿烂的天空。

**解析·感悟**

绝望的心理往往源于对自我的封闭，这种心理在各个历史时期、不同年龄层次的人都可能出现，其症状特点有：不愿意与人沟通，害怕和人交流，讨厌与人交谈，逃避社会，远离生活，精神压抑，对周围环境敏感。由于自我封闭，所以他们常常忍受着难以名状的孤独寂寞以及绝望。其实，只要打开自己的心，那任何绝境其实都有出路。

**创业·箴言**

把一件事情做到极致境界，这就是天才。

**解析·感悟**

很多人都羡慕天才，其实做一个天才很简单，就是把一件事情做到熟练无比，以至于没有任何人能够超越了，人们就会说，这个人在这方面真是一个天才。聂卫平是下围棋的天才，他一天下10个小时的围棋，钻透了围棋，他就是下围棋的天才；打高尔夫球的老虎伍兹是天才，他从小时候就开始打高尔夫球了，他就是把高尔夫球打到了完美的境界。所以说，所谓天才，就是把一件事情做到了极致的人。

**创业·箴言**

生命的起点都不一样，但是，生命的终点却是由自己选择的。

**解析·感悟**

人生不是百米赛跑，几秒钟就完了，人生是要跑一辈子的，60年、70年、80年，甚至100年。任何人如果抱怨自己的出生，那他一辈子都不会幸福；只有觉得幸福是要靠自己争取的人，才会得到幸福。福布斯排行榜的前几百号人里，60%到70%都来自于农村和贫穷家庭，所以，人完全是可以通过奋斗实现自我的。

**创业·箴言**

思想是人的翅膀，带着人飞向想去的地方。

**解析·感悟**

人不会长出翅膀，可人发达的思想却是翅膀的最好替代品，它比翅膀的功能还强大。相反，人如果能长出翅膀却不去思考的话，那所谓的翅膀也仅仅是一个美好的装饰而已。

第五章　李嘉诚创业感悟

**创业档案**

李嘉诚，全球顶级企业家，长江实业集团有限公司创始人兼董事局主席。

1928年7月29日，李嘉诚出生于广东潮州，父亲是小学校长。

1940年，为躲避日本侵略者的压迫，李嘉诚全家逃难到香港投靠亲戚。

1943年，父亲李云经病逝。为了养活母亲和三个弟妹，李嘉诚被迫辍学走上社会谋生。李嘉诚当时为一家玩具制造公司当推销员。工作虽然繁忙，失学的李嘉诚仍用工作之暇到夜校进修，补习文化。

1948年，由于勤奋好学，精明能干，不到20岁的李嘉诚便升任塑料玩具厂的总经理。

1950年，李嘉诚把握时机，用平时省吃俭用积蓄的7000美元创办了自己的塑胶厂，并将它命名为"长江塑胶厂"。

1958年，李嘉诚在北角购入一块地皮，兴建一幢12层大厦，正式介入地产市场。他独到的眼光和精明的开发策略使"长江"很快成为香港的一大地产发展和投资实业公司。

1963年，与庄月明女士结婚。

1964年8月，长子李泽钜出生。

1966年10月，次子李泽楷出生。

1967年，左派暴动，地价暴跌，李氏以低价购入大批土地储备。

1972年，"长江实业"上市，其股票被超额认购65倍。到70年代末期，他在同辈财富大亨中已排众而出。

1978年，与国家领导人邓小平会面。

1979年，"长江实业"宣布与汇丰银行达成协议，斥资6.2亿元，从汇丰集团购入老牌英资商行——"和记黄埔"22.4%的股权，李嘉诚因而成为首位收购英资商行的华人。

1984年，"长江实业"又购入"香港电灯公司"的控制性股权。

1986年，进军加拿大，购入赫斯基石油逾半数权益。

1987年，联同两名华资大亨李兆基及郑裕彤，成功夺得温哥华1986年世界专览会旧址的发展权。

1990年，夫人庄月明女士逝世。

1994年，所管理的企业除税后盈利达28亿美元。

1995年12月，长江实业集团三家上市公司的市值，总共已超过420亿美元。

1999年，长江实业集团除税后盈利达1 850亿港元。

2000年，长江实业集团总市值约为8 120亿港元。

2009年，长江实业总市值约为10 000亿港元。

2010年7月30日，竞购法国电力集团旗下部分英国电网业务。

2011年，福布斯全球富豪榜显示：李嘉诚位于排行榜第十一位。

2012年，福布斯富豪榜中，李嘉诚排名第九，荣膺亚洲首富。

2013年1月10日，美国财经杂志《福布斯》公布，李嘉诚财富增至300亿美元，继续稳坐香港首富宝座。

**创业·箴言**

人要去求生意，就比较难，让生意跑来找你，就容易做。

**解析·感悟**

对于如何让生意找你，李嘉诚也给出了自己的答案：那就要靠朋友——如何结交朋友？那就要善待他人，充分考虑到对方的利益。

**创业·箴言**

男子汉第一是能吃苦，第二是会吃苦。

**解析·感悟**

俗话说得好，"吃得苦中苦，方为人上人"，吃苦耐劳，是很多成功者的人生信条。特别是对于那些白手起家创出一片天地的人。没有经过苦难的考验，你的血液里，你的骨髓中，就不能孕育出抗争的细胞。

**创业·箴言**

一生之中，最重要的是守信。我现在就算再有超过十倍的资金也不足以应付那么多的生意，而且很多是别人主动找自己的，这些都是为人守信的结果。

**解析·感悟**

一个企业的开始意味着一个良好信誉的开始，有了信誉，自然就会有财路，这是必须具备的商业道德。做人的道理也是一样，忠诚、有义气，对于自己说出的每一句话、做出的每一个承诺，一定要牢牢记在心里，并且一定要能说到做到。

**创业·箴言**

交什么样的朋友，是人生一个重要问题。

**解析·感悟**

选择朋友一定要慎而又慎，以正直、诚实、互相帮助为标准。真正的朋友不可能是一好百好，而是包含着互相勉励、规劝、批评与自我批评，朋友之间坦诚相待，不护短、不妒长，在大是大非问题上不迁就，这样才能对双方有益，友谊也才能天长地久。

**创业·箴言**

每一个人都懂得批判别人，但不是每一个人都知道怎样自我反省。

**解析·感悟**

一个人要想成功，重要的一点是发现自己的不足，完善自己的性格，只有这样才能在事业中不断前进，实现自己的梦想。如果创业者能够不断反思自己所处的境况，并努力地寻找种种解决问题的方法，从中悟到失败的教训和不完美的根源，并能全力以赴去改变，那么，最终就一定能获得成功。

**创业·箴言**

你们不要老提我，我算什么超人，我现在的成功是大家同心协力的结果。我身边有300员虎将，其中100人是外国人，200人是年富力强的香港人。

**解析·感悟**

古有孟尝君，今有李嘉诚。古语云：栽得大树好乘凉。孟李二人品德高尚，引来众人相助，看来老祖宗传统道德并不老。人都是感情动物，只要你用心对待他人，别人总不会忘了你的好处，日后必会报答。

**创业·箴言**

我从不间断阅读新科技、新知识的书籍，不至于因为不了解新信息而和时代潮流脱节。

**解析·感悟**

彼得·德鲁克说，"人们越来越依赖知识进行工作，人们对于知识的依赖日益超过技术。"人们也渐渐认识到，只有不断地更新自己的知识才能不落后于人。

我们必须认识到，在漫长的一生中，每个人都在不断地变化，在每一个阶段都会有不同的需求、能力和目标。所以，我们要不断地进行自我改造，不断地更新自己的知识结构，这样才能适应不断变化的现实。

**创业·箴言**

在事业上谋求成功，没有什么绝对的公式。但如果能依赖某些原则的话，能将成功的希望提高很多。

**解析·感悟**

有伟人曾经说，没有放之四海而皆准的真理。因为事物是不断地发展和变化的，事物呈现的面貌也是复杂的，这就要求我们具体问题具体分析。然而，事物的发展也有一般的原则可循，遵循原则办事，通常会事半功倍。

**创业·箴言**

讲信用，够朋友。这么多年来，差不多到今天为止，任何一个国家的人，任何一个省份的中国人，跟我做伙伴的，合作之后都能成为我的好朋友，从来没有因为一件事闹过不开心，这一点我是引以为荣的。

**解析·感悟**

一个人能不能得到朋友，关键在于有没有私心，在为自己着想的同时，也能够想到别人。假如能做到，那就会赢得别人的敬仰和信赖，也就不会给自己树敌。李嘉诚在生意场上只有对手而没有敌人，不能不说是个奇迹，而这个奇迹很大程度上就是靠交朋友实现的。

**创业·箴言**

在逆境的时候，你要自己问自己是否有足够的条件。当我自己逆境的时候，我认为我够！因为我勤劳、节俭、有毅力，我肯求知，肯建立一个信誉。

**解析·感悟**

李嘉诚在1998年接受香港电台访问时，谈及年轻时的经历说了这番话，可见，他很早就对自己的未来充满了很大的信心，很早就明白追求成功必须要有坚定不移的决心。

**创业·箴言**

有些生意，无论有多少钱给我赚，我都不赚……有些生意，已经知道是对人有害，就算社会容许做，我也不做。

**解析·感悟**

这既是李嘉诚做生意的原则，更是他做人的准则。对于像李嘉诚这样的成功者来说，他们奋斗的目的早已经不是单纯的金钱了，他们是在追寻一个梦想，这种梦想产生的力量与快乐比单纯为了获得更多金钱不知要大多少倍。

**创业·箴言**

对于商人来说，最可怕的是止步自满，满足于眼前的一些小利润，因为这种满足感等于失去前行的动力，要想做大事业必须对自己已有的成就不满足。

**解析·感悟**

一个人不满足于目前的成就，积极向高峰攀登，就能使自己的潜力得到充分的发挥。比如说，原本只能挑100斤重担的人，因为不断地练习，进而突破极限，挑起120斤甚至150斤的重担。一个人只要安于现状，就失去了上进求变的动力，没有动力，就无法付诸切实的行动。

**创业·箴言**

最要紧的是要充实自己，多知道外面的事，无论政治、经济，最准确的行情你都要尽量知道。因为你只有充实你自己了，机遇来的时候，才有能力抓住它。

**解析·感悟**

假如你马马虎虎过日子，那机遇即使跑到你面前，你也可能抓不住它。还有，你去找机会难，但是机会来找你就容易。成功者并没有天生把握机会的能力，他们只不过是在平时多留心、多观察、多思考，并且多积累了一些知识而已。

**创业·箴言**

别人做8小时，我就做16小时，开始别无他法，只能以勤补拙。

**解析·感悟**

只有勤奋，肯去求知，肯去创新，对自己节俭，对别人慷慨，对朋友讲义气，再加上自己的努力，迟早会有所成就。

**创业·箴言**

我认为勤奋是个人成功的要素，所谓"一分耕耘，一分收获"，一个人所获得的报酬和成果，与他所付出的努力有着极大的关系。运气只是一个小因素，个人的努力才是创造事业最基本的条件。

**解析·感悟**

勤奋是获取成功的秘径。很多事情是需要个人付出努力的，你不去努力，事情便不会成功，你努力了没有成功，你这一生也不会后悔。这是个竞争的社会，适者生存。很多人都知道这个道理，但很多人安于现状，不愿意放下悠闲和舒适，这是很可悲的。

**创业·箴言**

我们做任何事，都应有一番雄心大志，立下远大目标，才有压力和动力。犹疑之间，寸阴即逝。

**解析·感悟**

只有明确了自己的人生目标方能实现自己想要过的人生。梦想与目标的区别在于，梦想不是来实现的，梦想是支撑目标实现的，大目标也是由许许多多的小目标组成的。如果当一个人迷茫的时候，请多想想自己最初的梦想。

### 创业·箴言

决定大事的时候，我就算有百分之一百的清楚，我也一样召集一些人，会合各人的资讯一起研究。

### 解析·感悟

人的强大不仅在于提升自身智慧，而凝聚众人智慧更重要。如果我们能够总是抱着一颗坦诚谦虚之心，善纳忠言，广采博纳，凡人也可能成为"超人"。"海纳百川，有容乃大。"善集众人之智慧于一身者，方能成大事。

### 创业·箴言

我一直奉行互惠精神。当然，大家在一方天空下发展，竞争兼并，不可避免。即使这样，也不能抛掉以和为贵的态度。

### 解析·感悟

俗话说，和气生财，同行之间不应该恶斗，应该在合作中赚钱。即便与对手发生过激烈竞争，在必要的时候也应该放下身段，握手言和。这是经商的大智慧。

世界上没有永恒的敌人，也没有永恒的朋友，只有永恒的利益。所谓"不打不相识"，与竞争对手合作，也能赚到大钱。做生意就是要求利，而不是动干戈，争意气。为了利润，灵活应变，具备求和的心态，是成功商人的基本素养。

**创业·箴言**

准确而又有远见的预测对于一个商人的成功至关重要。

**解析·感悟**

眼光独到是事业成功的重要因素。创业者的眼光应当是敏锐的，能看到潜藏的各种商机，从而做到先人一步。当然，这种眼光是需要不断磨练才能拥有的。

**创业·箴言**

在决定一件大事之前，我很审慎，会跟一切有关的人士商量，但到我决定一个方针之后，就不会变更。

**解析·感悟**

大事在于思虑周详，计划在于身体力行，谋略在于集思广益，决断在于自己。领导要有听取意见的能力，同时要把握住决断、取舍的权力。

**创业·箴言**

在20岁前，事业上的成果100％靠双手勤劳换来；20岁至30岁，事业已有些小基础，那10年的成功，10％靠运气好，90％仍是由勤劳得来；之后，机会的比例也渐渐提高；到现在，运气已差不多要占三至四成了。不敢说一定没有命运，但假如一件事在天时、地利、人和等方面皆相悖时，那肯定不会成功。若我们贸然去做，失败时便埋怨命运，这是不对的。

**解析·感悟**

这是李嘉诚先生1981年讲的一段话，他后来又说了另一段话来诠释这段话，"对成功的看法，一般中国人多会自谦那是幸运，绝少有人说那是由勤奋及有计划的工作得来。我觉得成功有三个阶段：第一阶段完全是靠勤奋工作，不断奋斗而取得成果。第二阶段，虽然有少许幸运存在，但也不会很多，现在呢？当然也要靠运气，但如果没有个人条件，运气来了也会跑去。"

**创业·箴言**

做生意一要对自己有明确的定位，要自信；二要了解竞争对手的情况，做到知己知彼。

**解析·感悟**

做生意，要引用《孙子兵法》上的一句话："知己知彼，百战不殆"。其中首要的一点是要有自知之明，要选择适合自身条件的经营方式。同时，了解竞争对手也是展开成功竞争的前提条件，同样不可或缺。

**创业·箴言**

在剧烈的竞争中多付出一点，便可多赢一点。就像参加奥运会一样，你看一、二、三名，跑在第一的胜出，这比第二及第三就是快了那么一点点。若是跑短程的可能是不够一秒之差，只赢一点；所以快一点，就是赢！

**解析·感悟**

拿破仑·波拿马有一句名言："我的军队之所以打胜仗，就是因为比敌人早到5分钟。"商场如战场。经商中比别人早一步抓住商机，就很可能抢先一步赚大钱，成为商战的胜利者。

**创业·箴言**

最重要的是要有远见，杀鸡取卵的方式是短视的作风。

**解析·感悟**

大凡成功者都具有很强的预测能力，因为他们心中始终装着机遇的模型器。美国钢铁大王卡耐基事先就知道，铁路时代必定要到来。日本"经营之神"松下幸之助事先就预测，电气化时代必然来临。而美国的尤伯罗斯更是眼光独具，独自承办1984年的第23届奥运会，名利双收，名噪一时。如此事例，不胜枚举。

预测机遇作为人们远见卓识的基础，其主要功能就是正确掌握不确定因素或未知事件，为决策提供有关信息、数据乃至可行性方案。预测机遇是创业的重要内容，也是制定规划和实施的重要前提和手段，预测水平的高低直接关系到决策的成功与失败。

**创业·箴言**

有时你看似是一件很吃亏的事，往往会变成非常有利的事。

**解析·感悟**

世界上有三种人一点不肯吃亏。一种人肚量太差，吃了亏就想不开，茶不思饭不想，好像被剜了肉一样。一种人火气太大，吃了亏就要双脚跳，轻则破口大骂，重则大打出手，把事情弄得不可收拾。还有一种人心眼太小，吃了亏就要睚眦必报，常常让别人怨声载道，让自己因小失大。

事实上，"吃亏"不光是一种境界，更是一种睿智。能够吃亏的人，往往是一生平安，幸福坦然。不能吃亏的人，在是非纷争中斤斤计较，这种狭隘的心理会蒙蔽他的双眼，势必会失去得更多，更谈不上得到他人的支持。事实上，如果你能够平心静气地对待吃亏，表现自己的肚量，往往能够获得他人的青睐，获得经商所需要的人脉资源，从而获得商业上的成功。从长远的角度思考问题，吃亏绝对是福！

## 创业·箴言

钱要赚，但原则也要讲。

## 解析·感悟

不论选择什么项目，创业者都应该懂得，也都应该明白，做生意的目的的确是为了赚钱，但赚钱要赚在明处，正所谓君子爱财，取之有道。须知，不正当的经营是要砸牌的，终究会失去顾客。作为一心追求成功的创业者只做一锤子买卖，虽可得利于一时，发不义之财，但只会搬起石头砸了自己的脚，最终还是逃脱不了价值规律的惩罚。

## 创业·箴言

人生自有其沉浮，每个人都应该学会忍受生活中有时会遇到的悲伤，只有这样，你才能体会到什么叫作成功，什么叫作真正的幸福。

## 解析·感悟

失败并不是毫无意义的。如果我们能够认识到为什么失败，用什么方法在下一次不会失败，那即使失败，也有意义。遇到挫折和逆境，我们应视之为上天给我们一个机会去磨练自己，从失败中学习，坦然视之，泰然处之。

**创业·箴言**

精明的商家可以将商业意识渗透到生活的每一件事中去，甚至是一举手一投足。

**解析·感悟**

一个创业者如果想让自己获取更大的成功，使自己的事业获得更为充分的发展，就应当意识到，在日益激烈的竞争中，单纯依靠过去的所谓意志、体力去拼搏是难以获得成功而成为胜者的。一个成功的创业者应该依靠灵活、敏锐的头脑和科学、丰富的经营感觉去决定胜负。所以，对于想要获得成功的创业者来说，必须不断地掌握知识，磨炼经营感觉，培养并掌握许多与经营感觉相关联的能力。

**创业·箴言**

成功之后，利用多余资金做我内心想做的善事，心安理得，方寸间自有天地。

**解析·感悟**

钢铁大王卡耐基说，"在巨富中死去，是一种耻辱。"李嘉诚也说，用自己的钱做些事情帮助别人，这也是境界的一种体现。财富，并不是衡量人的唯一标准，利用自己的财富做有意义的事情，更让人尊敬。

**创业·箴言**

保持低调，才能避免树大招风，才能避免成为别人打击的靶子。

**解析·感悟**

古语有云，"木秀于林，风必摧之。"一个成功的人，难免遭人妒忌。只有行事低调，才能避免树大招风。如果你不过分显示自己，就不会招惹别人的敌意，别人也就无法捕捉你的虚实。

一个人不管取得了多大的成功，不管名有多显、位有多高、钱有多丰，面对纷繁复杂的社会，也应该保持做人的低调。有道是：地低成海，人低成王。低调做人不仅是一种境界、一种风范，更是一种思想、一种哲学。

# 第六章　潘石屹创业感悟

**创业档案**

潘石屹，"SOHO"现代城创始人，当今中国最活跃、最具有鲜明个性的房地产领袖之一。

1963年11月14日，潘石屹出生于甘肃省天水市潘集寨村。

1982年，从中国石油管道学院毕业后分配到原国家石油部工作。

1987年，辞职下海到深圳、海南，后到北京，专业从事房地产开发。

1992年，与合伙人共同创立北京万通有限责任公司，在北京开发出一系列房地产项目，包括北京万通新世界广场、中国国际航空公司大厦、北京万通理想世界(现新城国际)。

1995年，潘石屹与妻子张欣女士共同创立了SOHO中国有限公司。公司创建后两人共同开发了一系列商业地产项目。

1996年，成立北京中鸿天房地产有限公司，开发了位于国贸桥东侧、总建筑面积48万平方米的SOHO现代城。

1999年底，SOHO的概念被正式推出。

2001年，潘石屹被评为第三届中国深圳住交会"地产十大风云人物"之一。

2002和2003年，两度担任"博鳌亚洲论坛"主讲人。

2003年，被"世界经济论坛"邀为主讲人；获得由胡润与国际著名传媒集团"欧洲货币机构投资"共同推出的首个中国内地富豪榜的"2003中国房地产影响力人物50强"的称号。SOHO中国公司纳税1.778亿元人民币，位居全国第二。

2004年，获得"2004年十大地产影响力人物"的称号，SOHO中国纳税3.03亿元，增长幅度超过70%。

2007年10月8日，SOHO中国在香港联交所主板成功上市。

2012年8月16日，潘石屹在香港业绩会上宣布SOHO中国将告别散售模式，转而持有北京、上海有价值的物业，公司未来的盈利也主要来自租金收入。

**创业·箴言**

经常有人问我第一桶金是怎么来的，从哪里得到的，有多少。其实每次有人问我这个问题时，我都想说，人的第一桶金是自信。

**解析·感悟**

所谓自信，当然有自我意识，还有信，相信的信。相信，是正面的、健康的。一个相信自己的人才会相信他人，相信未来。

**创业·箴言**

如果一个人觉得成功意味着做一个多大的官，这可能是一剂毒药，因为当你坐不到某个位置时你就可能觉得不成功；如果你认为成功是赚了多少钱，那也可能是一剂毒药，因为你会发现身边总有比你更有钱的人。

**解析·感悟**

那么，什么是潘石屹心目中的成功呢？他自己给出的答案是这样的："可以这么说，成功是一种状态，是一种积极、向上、乐观、友善、对别人有益的状态；自己愉快，也能够给别人带来愉快、积极向上的状态——如果这样理解成功的话，那就是我心中的成功。"

**创业·箴言**

我想起许三多。许三多是前一段时间非常流行的电视连续剧《士兵突击》里面的男一号，他心地单纯、做事老实，按照通常的观点看，几乎是一个完全没有力量的人。电视剧热播后，许三多这个角色成为社会上的热门人物。《新周刊》为此做了一个专题，叫作《钝感的力量》。我想这个"钝感的力量"，其实是对社会大多数人的拼命竞争、聪明劲十足、急功近利的一种反驳，宣扬的就是傻人有傻福。

**解析·感悟**

许三多简单、善良、诚实，做事认真踏实，看起来很傻，其实就是没有什么"自我"。许三多的可爱的傻是别人学不来的，"傻"的人没有"聪明劲"，他们在默默的行事中体会快乐与幸福。王小波说"沉默的大多数"，有特指这些人的话语权被剥夺的意思，但这个词组也透露出来的另外的意味——那就是众多隐秘、务实的人生，真正构成了这个社会最安定坚实的基础。

**创业·箴言**

只顾数钱，最终会没钱可数。

**解析·感悟**

企业家要需要从金钱的占有欲中超脱出来，说到底也是从各种欲望中超脱。在发展自己的企业的同时，必须关注和推动经济制度的建设和健全，否则，只顾数钱，最终会没钱可数。金钱、财富作为社会最重要的资源，其保护和管理都蕴含着社会最大多数人的智慧和意见。而创业者，也必须积极参与磋商，最终要的是建立制度，完善环境。金钱本身的社会属性真是太明显和太强烈了，换一句话来说，你的钱最终还是社会的钱。

**创业·箴言**

工作时要进入一种精神状态，这种状态是什么样的呢？应该是平静的、忘我的，在外人看来是有点孤独的，但自己内心是喜悦的。

**解析·感悟**

马克思曾说过一段话，大体的意思说：物质不够丰富时，工作是为了生存的需要，是为了赚钱，养家糊口，工作围绕物质而动；当物质丰富之后，人也需要工作，那时工作就成了人生的精神享受，不工作不劳动就难受。其实，在物质不丰富时，尤其要把工作当成人生的一种精神享受，这样才能把工作做好，才能更愉快地工作。

**创业·箴言**

一个关系达成，必然有事发生。这件事情结束了，人际关系却变化了。有可能增减了成员，或者增减了感情。经过几轮事件后，你可能会形成一个小圈子。渐渐地圈子有了特性，忙的时候齐心协力，做着熟悉的生意，闲的时候表现某些文化、品味，去K歌或者打保龄球什么的。

**解析·感悟**

在社会上行走，你一定会与某些人达成关系，人类是社会性的动物，与他人必有关系是你无法回避的命运。世界上的事都是人际关系的构成和发展，社会是很多人际关系的总和，你必须了解他人。与人谋事，而不是无目的地拉人闲谈，这样才能不虚度光阴。

**创业·箴言**

一个公司制定的目标应该非常单一，那就是为社会创造价值。只有为社会创造价值，才有可能给社会更多的税收。对企业来说，成绩就是利润。如果给一个企业加上过多的东西，我觉得就会有问题。这么多年来，我们似乎一直在空谈企业的社会责任。

**解析·感悟**

所谓企业的社会责任，并不是要企业离开自己的范畴去做另外的一件事。作为一个企业，它的任务就是，在遵守法律及行业标准的前提下，追求价值的最大化、利润的最大化。企业本身就是社会结构的一部分，它的存在与发展就是社会责任。就像我们说一个人，他自然健康、有爱心地生活着，就有社会价值。但非要把社会异化，把整体放到局部面前来要求局部再想想其他办法成为整体的一部分就很荒谬了。潘石屹关于这个话题还做了一个形象的比喻，这就好像让一只手去对身体负责一样。实际上，一只手能动，能使用，它就已经是对身体负责了。

**创业·箴言**

在我们的现实生活中，常常存在着四种不好的人际关系模式：保护式、自以为是式、独裁式和操纵式。

**解析·感悟**

保护式、自以为是式、独裁式和操纵式这四种模式的人际关系，有一个共同问题就是没有让大家都参与其中，都属于不平等关系。参与者的出发点不是爱他人，而仅仅是爱自己。在这四种人际关系中，总会有一些人的个性和才能因为受到压抑、不满于分配方式而没有很好地发挥，即使发挥，也是发挥在勾心斗角以及阴谋、造反与镇压等暴力行为上。这既违背了爱的主旨，也不符合和谐的理想，所以，都是不好的人际关系模式。

**创业·箴言**

一个时常获得幸福感的人，很容易传播快乐，因此能够得到朋友，能够获得朋友的人才能成功。

**解析·感悟**

幸福很难说具体指什么，但幸福的人都有快乐的外表，这快乐能够被人看见，并且非常容易感染人。通过快乐，人们可能会分享你的幸福，你会交到许多朋友，这是成功的前提。

**创业·箴言**

在我们公司聘请的设计师中，有一位韩国的设计师叫承孝相。他是一个很有想法的设计师，有一期SOHO小报上曾刊登了一篇他写的文章，叫《你知道为什么写诗吗？》。其中，他写到两个诗人的对话，一个诗人说："我知道如何做诗。"而另一个说："你会做诗，但我知道为什么做诗。"这篇文章引发了我好多的思考。由此，我们可以一连串地想下去：你会盖房子，我知道为什么盖房子；你会写文章，我知道为什么写文章；你会吃饭，我知道为什么吃饭；你知道活着，我知道为什么活着；"你知道"的更多的是技术、科学、工艺上能够解决的问题，而"我知道"的是在哲学、宗教层面才能回答的问题，归结起来就是追寻"意义"。

**解析·感悟**

我们需要不时地从生活中抬起头来，多问问为什么，这样生活才不会失去方向，才不会与伟大的精神领域越来越远。当然，问过了，得到解答以后了呢？还是得继续埋头苦干，进入到工作的乐趣中去。

**创业·箴言**

有钱人都是黑心肠的观点，会导致仇富心理的产生。觉得别人是恶的，导致人们互相提防，充满不信任。我们开发建外SOHO时，最大的突破就是取消围墙。我们不度人以恶，不设围墙，事实证明，这样开放的小区反倒是最安全的。

**解析·感悟**

"为什么我挣不到钱？因为我心不黑。"这句话被很多人说过，这实际上是一种极其危险的心态，会导致仇富心理的产生。仇富心理是一种对社会财富积累有害的心理，虽然现在大多数人已经认识到了这一点，法律也规定了保护私有财产，但那种人性中的自我主义依然存在。把一切美好的说法都归自己，把恶都归别人，这是十分不正常的。

**创业·箴言**

我是一个信任别人的人，并且相信社会在发展，会越来越好。即使现在我们有很多问题，相信将来也会变好。相信是一种力量，只要相信，它迟早会变成真的。对于人间社会的事，信则灵，这句话比用在相信神祇上更令人相信。

**解析·感悟**

在现实生活中，你假设对方恶，对方确实就会以恶来对你。我们在签订商业合同的时候，假设对方是不诚信的，因此整个合同就是以防止别人违约作为出发点，以条款、再加条款来规定条款，而对方自然也如此反应。也许别人本来是诚信的、善的，结果被你开发成谎言的和恶的了。

**创业·箴言**

诚实对一个人来说，是他一切美德和能力的基础，如果失去了诚实，将失去一切。

**解析·感悟**

人可能有许多美德：勇敢、智慧、服务、创造力、帮助、乐观等等，但如果他是一个不诚实的人、说假话的人，这一切都将失去，因为基础没有了。做人是这样，做公司也是同样的道理。诚信，最重要的是先从本人做起，从本公司做起，不要埋怨别人和社会。让今天的我和昨天的我去比较，看有没有进步，而不要和周围的不好的东西、不好的公司去比。那些不好的、不诚信的公司，绝对不可能长久地发展下去。

**创业·箴言**

磋商是一门艺术，不仅仅是一种技巧，更多的是需要跟大家在一起进行心灵层面的沟通，精神层面的理解。

**解析·感悟**

在磋商时要先调研、搜集资料，尽可能了解更全面的资料，在磋商中要把每人的观点、资料放在一起，放在一起以后这些观点就不只是你个人的观点，应该成为大家的观点。大家去评论、分析，选择一种大多数人认同的观点，再采取联合行动，并在联合行动的过程中去反思，大家再一起评价、思考，再磋商，再联合行动。这就是磋商的全过程和循环。这是一种更有效的、更适应新时代的磋商艺术，它能让人心情舒畅，工作更有效率，更有热情，把人善良的、创造力的一面充分调动起来。

**创业·箴言**

对交流造成致命伤害的，是偏见。

**解析·感悟**

偏见，哪怕是最微小的，也可能造成最大的伤害。与人交流时，我们应该立足于实现永久和平的愿望，更为深入细致地消除各种偏见。

**创业·箴言**

他人就是你的福祉。

**解析·感悟**

一个人的幸福永远要依靠他人的协助，你可能有一粒幸福的种子，那也得依靠他人的土壤来培育。重要的是要播下幸福的种子，而不是苦难的怪胎，否则别人的土壤不会供给你养分。如果自己懂得付出，你就可以播下了幸福的种子。反之，如果你只知道索取，那就是一个给他人造成灾难的怪胎了。

**创业·箴言**

自己要像个空心的竹子，要放低心态，要谦虚。

**解析·感悟**

自己所处的位置较低，别人的思想和智慧才会被接受和流淌过来。这时自己的思想才能够受到灵性的指引，回到正确的道路上去。如果这个空心的竹子被阻塞了，别人的思想和观点就无法接收，这时候的人其实是孤立、封闭的。

**创业·箴言**

互联网最大限度地打开了国门，是每一个中国人的最好机会，因为中国人在思想、精神和信仰上是最没有偏见的，是包容性最强的民族，乐意接受任何先进的、自己感兴趣的东西。

**解析·感悟**

在历史上，儒道释可以共存，任何民族文化进入中国文化区域，都可以找到自己的位置，很好地生存。今天，某些西方文化也开始融入我们的生活，比如尽管许多中国人不信基督教，但西方传来的圣诞节我们高高兴兴地过，情人节也高高兴兴地过，现在甚至连感恩节在中国都成了一个大的节日。同样的道理，当一个企业也具有这种巨大的包容力量的时候，它的前途也将是无比光明。

**创业·箴言**

做企业从来就没有固定的模式。在整个企业发展的历史上，企图找到固定模式一劳永逸，当个懒汉，是不会成功的。面对其他人的成功方法，简单机械地学习和模仿也是不会成功的。优秀的企业家一定是创造者，企业家是最具创造精神的一批人。

**解析·感悟**

坚信创造，但又要脚踏实地。一个具有创造精神的人不是空想家，也不是胆大妄为的冒失鬼。为了发现价值，他们要随时随地地依据周围环境的变化而变化，并且随时随地地调整自己的企业和自己的心态。成功的企业家一定是放松的，放松心态下才有智慧和幽默。紧张只能加大做事的成本，把事情办得更糟糕。

**创业·箴言**

房地产开发商不能把房子卖出去就完事，更重要的是以后的服务。这个服务不是指表面上要有多殷勤。一个有生命力的机构、公司，不仅要注重产品质量，更要注重的是服务意识与服务质量。

**解析·感悟**

服务于他人的精神是当今社会中任何人都应该具有的基本品德。服务精神是一个前提，有没有服务精神和服务质量高低的重要性已经超过了能力和智商。如果没有服务精神，你的能力和智力就得不到发挥，甚至会起到反作用、破坏作用。作为一个商业公司，过去更多的是强调为客户提供服务，现在则要不断提高公司每一个员工的服务意识和服务态度，这样才能让公司整体的素质提高。

### 创业·箴言

当代企业家应该具备什么样的素质？这与时代背景有关，与这个时代需要什么样的企业有关。计划经济时代，只有厂长，没有企业家，这种经济形式给我们带来了无尽的贫穷和落后。资本主义初期，企业家创造财富的同时，也带来了贫困，不在本国制造贫困，就把贫困输出到别的国家去——这是马克思当年总结的观点，在今天看来还是适用的。那么，符合人类新文明的新的企业形态将会在什么样的国家诞生？不可能在欧洲，不可能在美国，也不可能在非洲，我认为只能在中国诞生。这种新的企业形态，要在创造物质财富的同时，关注精神财富与物质财富的平衡发展，要关注公平、正义，关注和谐平衡的发展。

### 解析·感悟

新的企业形态对中国的企业家提出了新的要求，他们既要有远见、知识和理想，也要有务实的精神，要尊重未知的领域。两者都不能走极端，正确的道路是走中庸之道。

### 创业·箴言

我们做任何一个产品，都是我们对这个世界的理解的反映。物质产品是精神意识的反映。例如一些恶俗的建筑，贴金贴银，门口一个大狮子，每一个地方看起来都刺眼得不行，好多还都挂着大红灯笼。大红灯笼，天安门广场挂两个还觉得不错，但大街小巷都是大红灯笼，里面也贴金贴银，就显得特别颓废，没有精神的追求。这种腐朽风格，在我们的产品里是不合格的。我们的产品应该是人性的、自然的、环保的、健康的、向上的、人人平衡的生活方式的体现。无论我们做住宅、商住两用房，都倡导这样的生活方式。

**解析·感悟**

　　社会是有各种各样需求的人的组合，人们千差万别，只有挖掘他们对生活的理想，然后对产品创新，提供理想的产品，最大限度地满足人们的内心需要。SOHO现代城的核心就是提供这种需求的满足，当然这种需求在不同的时代有不同的特征。而潘石屹就把握住了现代人的需求，并且把这种需求明细化、具体化，具体到颜色、落地玻璃等处的细节设计。

**创业·箴言**

　　我对公司的管理也实施"无为而治"的管理方式，常常被批评为不懂管理，但我用公司健康快速地增长来证明我的管理方式是有效的。认同世界的不确定性，实质上是让我们对未知的世界要有一份敬畏。

**解析·感悟**

　　潘石屹相信市场是聪明的，有生命力的。因为市场是由千千万万聪明的、智慧的人的行为组成的。市场多数时候是千千万万聪明大脑的叠加，只有在少数情况下才会表现为集体的非理性。所以，我们不要把市场看成单一的、不变化的，市场并不是不见棺材不掉泪，不撞南墙不回头的。

**创业·箴言**

创新实质上是灵魂的启示，是精神的进步。

**解析·感悟**

企业创新，是要将视野投放到人类广阔的生活需求中去，还要以人类的精神进步为前提。创新最可怕的敌人是不能从根本上以精神的进步为前提，因为只有精神进步才能发现和创造美好，没有精神进步，创新就变成一句空话，所谓的创新产品也就是一些外表新奇却没有实际意义的花架子。

**创业·箴言**

所谓占有金钱，确实是一个幻象。总想着占有金钱的人，守财奴，事实上是挣不了多少钱的。也许你理财的才能高明，懂得将资金放到合适的渠道中去，成为组织和调动某个商业事件的力量，从而能够创造更大的价值和财富，那你就是一个资金流动的指挥者，但你不能占有它。

**解析·感悟**

爱钱，不如去了解钱的力量，而钱的力量就是你不能独占它。流通是钱的天性，从这点来看钱是人类发明的灵性之物。在健康合理的社会中，金钱的流向、交易的保证都完善，钱不会走错路，它走的路永远是绝大多数人的需求满足和财富增值之路。一个最善于使用钱的人，终其一生，他可能会留下一个优秀的企业。他死后，这个企业依然在社会中自行生存、发展，给其他人带来收益，给社会创造价值。

**创业·箴言**

面对物质需求，我们要大做减法，达到简朴。我自己最简单的时候，有两样东西就足够了。一个是老玉米，不是什么甜玉米，就是地地道道的老玉米，放在锅里煮了，我最爱吃。第二个是苹果，千万不要削皮，每当我啃不削皮的苹果，就想起小时候吃苹果时的感觉。我说的是我的真实感觉，里面有着美好的童年记忆，绝不是作秀。我觉得包含着童年记忆的东西就是最幸福的东西。

**解析·感悟**

拥有得多，不如计较得少。超脱，不是盲目地抛弃，而是想清楚那个使你困惑的东西，站在更高的层面思考它。要学会给生活做减法，心灵才会安宁。东西越少越好，从你内心出发，真正需要的东西就那几件。再多的就是负担，会压抑你的精神，还要操心打理它。

**创业·箴言**

成功经验不能成为教条，不能成为创新能力的束缚。

**解析·感悟**

禅宗语：如人饮水，冷暖自知。一个人在某个领域取得成功，不等于他的经验就能放大到任何领域，如果经验沦为教条，那就是创新最大的敌人。

**创业·箴言**

孔子曾赞扬弟子颜回"不迁怒"。当时我看到这句话的时候年纪还小，不是很理解，我只看到人类有许多的缺点，比迁怒带来的破坏性要多得多。今天，再看孔子这句话，才算真正理解了孔夫子的本意。

**解析·感悟**

迁怒者的自我不够坚强，以致不能独自承受错误与压力，他们只能靠将自己的挫折感分散到无辜者身上来重新获得对自我的肯定。仔细看看迁怒者的替罪羊，往往是更弱小者，这暴露了一种不平等的人际关系。而利用这种不平等的人际关系，利用迁怒重新获得自我肯定的行为是可鄙的。在企业的组织机构中尤其要警惕这一点，不能上级对自己发怒，转而对下级发怒，这是不可取的。发怒激化冲突，而更不应该的是迁怒，它会把人际关系逐渐变成"恶"的关系。创业者要从根本上避免发怒和迁怒。

**创业·箴言**

现在是流行自我膨胀的时代，认为抛弃了自我，就什么都没有了。

**解析·感悟**

事实上，人是可以"无我"的，而且你得到的回应是来自生命的最真切感受。进入寂静的状态，方有生命被唤醒的喜悦。从古到今，进入寂静的方式有许多种：静默、瑜伽、禅定等等，创业者都不妨试试。

**创业·箴言**

世界上有一种最危险的歌唱，叫作塞壬的歌唱。传说俄底修斯的船航行过塞壬海峡的时候，海员们都必须塞住自己的耳朵，否则会因为塞壬的歌声诱惑投海而亡。有一天我突然觉得"潘总"这个名称，可以算作塞壬的歌唱。

**解析·感悟**

名片上有一大堆的头衔，很能吓唬人，可是，在吓唬人的过程中，你也失去了自己最本质的东西——自信。

**创业·箴言**

《论语》里子贡问孔子，如果治理一个国家，需要三样东西，你说是哪三样?孔子排了一个顺序，说:第一个是粮食，要有饭吃;第二要有军队;第三要有信仰。子贡就问，不能有三样东西，只要两样呢?孔子说，那就要有粮食和信仰。子贡又接着问，这两个只选一个呢?孔子说，那就选信仰，没有粮食没有关系，没有信仰什么东西都谈不上。

**解析·感悟**

人类最充沛的幸福感是来自精神状态的，统摄精神的最高力量就是信仰。我们需要信仰的支持，才能使我们的精神不动摇地维系我们的理想世界。有了理想世界，我们才能安于有缺陷的现实生活。

**创业·箴言**

讲话不要讲废话，也不要讲永远正确的套话。干活别摆没有用的花架子，要有效率。建房子也少一些没有用的装饰和建筑符号。

**解析·感悟**

世界本来就不复杂，是人们自己给自己找麻烦。潘石屹认为，现代建筑中假惺惺地去模仿古代的建筑符号，中国的建筑去学习欧陆风情等等这些形式主义的建筑，都是在无病呻吟，装腔作势。现代建筑中有一种思想叫"极少主义""少就是多"，用尽可能少的线条、尽可能少的色彩。

**创业·箴言**

小事情要做到整齐。例如，自己的钱包、自己电脑的文件夹、自己的办公室，只有整齐才有效率，小事情就像做圆周运动一样，是第一宇宙速度的模式，有一个中心，自我封闭起来。做大事情，系统更复杂，能量更大，所以做大事情的指导思想要开放，容许"乱"，更像做抛物线、双曲线，是第二和第三宇宙速度的运动方式。

**解析·感悟**

做大事和做小事有不同的规则。一座城市、一次会议和一家公司，都是复杂的系统，需要大的能量，指导思想一定要对头，要开放。要认识到，你所做的只是万千世界的一小部分，千万不要自以为是，当井底之蛙，只见树木，不见森林，把自己的思想圈在一个小圆中。

第七章　张朝阳创业感悟

**创业档案**

张朝阳，搜狐公司董事局主席兼首席执行官，中国互联网行业最具代表性人物之一。

1964年，张朝阳出生于中国陕西省西安市。

1986年，毕业于北京清华大学物理系，同年考取李政道奖学金赴美留学。

1993年底，在美国麻省理工学院（MIT）获得博士学位。

1994年，任MIT亚太地区（中国）联络负责人。

1995年，回国任美国ISI公司驻中国首席代表。

1996年，在MIT媒体实验室主任尼葛洛庞帝先生和美国风险投资专家爱德华·罗伯特先生的风险投资支持下创建了爱特信公司，成为中国第一家以风险投资资金建立的互联网公司。

1998年2月25日，正式推出"搜狐"品牌。同年，张朝阳被美国《时代周刊》评为"50位数字英雄"之一，被《中国青年报》评为"全年十大风云人物"之一。

1999年7月，被《亚洲周刊》选为封面人物。

1999年9月27-29日，作为全球经济峰会99《财富》全球论坛年会特邀嘉宾，发表题为"互联网对中国未来经济的影响"的演讲。

2000年7月12日，带领搜狐公司在美国纳斯达克成功上市。

2001年5月7日，被《财富》杂志评选为全球25位企业新星之一。

2001年8月，被美国《财富》杂志列为"全世界最聪明的100人"之一，作为中国内地的唯一受邀者，参加在美国举行的高层论坛。

2002年10月，张朝阳领导搜狐公司经过6年的艰苦奋斗在2002年第三财季实现全面盈利，这是中国互联网发展进程中一个划时代的里程碑。

2004年8月，张朝阳荣获国际管理学会颁发的"年度杰出经理人奖"。

**创业·箴言**

创新不是神秘，它是一种工作方式，是一种生活方式，企业的创新不是孤立的，但往往因为能够形成一种规模而被认同，其实微软天天都在创新，每一家企业也是天天都在创新，只是看最终谁胜出了，那么创新的荣誉就会属于谁，这正是"胜者为王败者寇"的真实写照。

**解析·感悟**

创新是企业制胜的秘密武器，创新将领导者和跟风者区别开来。企业家的一个重要职能就是创新，更恰当地说，应该是"推动创新的实践"。事实上，时下当你问一些企业家，他们所领导的企业核心竞争力是什么时，其中的不少人都会给出同样的回答：创新。

**创业·箴言**

成功跟团队有关，成功是偶然的，失败是必然的，专注于一件事，个人如此，团队也依然如此，集中精力把一件事做好。

**解析·感悟**

一个人的精力是有限的，把精力分散在好几件事情上，不是明智的选择，而是不切实际的考虑。"集中精力把一件事做好"，才能有所收益，才能突破人生的困境。这样做的好处还在于，不至于会因为一下子想做太多的事，反而致使一件事都做不好，结果两手空空。

**创业·箴言**

一个企业的成功和他的掌舵人关系很大，成功之道看起来是一个企业的成功，是一个制度的成功，但追本溯源，企业里却留着多企业决策人的性格和经历的印记，所以说做企业就是先做人。

**解析·感悟**

"做企业先做人"这也是联想老帅柳传志的名言。做人是做好企业的前提，决策人的性格和经历很大程度决定了企业发展的轨迹。

**创业·箴言**

"有了人什么都好办"这是最根本的信条——资本市场已经和国际接轨了，有好的人一定能有正确的策略、正确的技术，所以本地团队有相当大的优势。

**解析·感悟**

在早期创业时，搜狐的风险资本主要来源于美国，董事会的成员除张朝阳外，清一色是外国人。这种董事会与管理执行团队的文化差异使得张朝阳在很长一段时间都不得不听任董事会的摆布，所以张朝阳才有了关于本地团队优势的说法。

**创业·箴言**

一个企业，要么是基因好的，要么是在发展过程当中能够不断地修正活下来的。所以一个创业公司的风险是非常大的，不是被选拔出来的，是碰巧被资本市场接受的。

**解析·感悟**

任何一个历史稍微悠久一点的公司，都会经历很多挑战，跨过沟沟坎坎，吸取经验教训，生命力弱的被淘汰，生命力强的也要经过自我修正，最终被认可，才能得以存活。

**创业·箴言**

10年前也是觉得自己都30岁了还没有作为，所以才毅然决然一定要回国。过去10年我做了相当大的努力，名和利这两点的满足算是对我的肯定，我实现了目标，而我的专业物理又是探究物质世界本原的科学，与不同的文化比较，在科学知识的影响下，我产生了我自己的哲学。

**解析·感悟**

穷则思变，也正是由于没有作为，才改变内心；改变内心才改变了行动；也正是由于这一心理的改变才改变了张朝阳的人生的轨迹。

**创业·箴言**

互联网就是这样，成功的基础是，你一定要理解它。

**解析·感悟**

　　任何一个行业都是如此，只有了解，并能准确地判断出他的发展方向，才能取得成功。

**创业·箴言**

　　1997年对于搜狐公司来讲是非常关键的一年，完成了未来门户商业模式的商业计划，确立了我们要走开放平台，我们自己不做原创内容，我们做分类搜索，商业模式是靠广告。

**解析·感悟**

　　搜狐的推出实际是张朝阳关于商业模式探索的成果，他把握住了互联网发展最本质的脉搏，互联网是共享的，从一个地方点击可以到任何一个地方，全球共享一个平台。搜狐独创了自己的模式，走上了更符合互联网发展规律的道路，所以成功就是水到渠成了。

**创业·箴言**

　　我们也不能叫"虎"，这就太像雅虎了，后来就干脆叫搜狐。这样，选择良辰吉日，搜狐终于在1998年2月推出来了。

**解析·感悟**

　　品牌的名字也很讲究，搜狐最开始的名字是赛博空间，但是太拗口，后来改成爱特信指南针，又发现人家别的公司也有一个指南针，最后才定格到搜狐的名字上。

**创业·箴言**

在信息源都不充足的时候，所有人都处于信息饥渴状态，网络也同样，在底层建设还没有完成的时候，我只能先来做底层搭建。

**解析·感悟**

现在的网络每天都充斥着海量的信息，可是，曾经的网络却面临着信息匮乏的局面，那是门户网络发展所需要跳过的第一个坎，而能跳过去的，都是由自己搭建"跳板"的公司。

**创业·箴言**

如果搜狐网页出了问题，我当时可是连夜跑到西单的中国电信摆弄服务器，为干这件事我会连夜睡不着觉，因为我是商业公司，不能出错，但很多信息中心的网站就不会去管这些事。

**解析·感悟**

当时中国互联网的技术结构是拨号上网，从一个地方到另外一个地方的死链接非常多，不仅速度非常慢，而且非常容易出问题，在这个大前提下，谁能保证服务器的畅通，谁自然也就能赢得网民的心，搜狐在那段时期之所以能脱颖而出，正是因为张朝阳在这一点上的严格要求。

**创业·箴言**

门户本来是一个入口，后来变成居住地，这就是中国门户的可怜。跟雅虎等等完全不一样，这个就是中国特色。我打一个比方，人们去美洲新大陆登陆了旧金山，或者纽约，本来想探索这个大陆，后来发现往内地走太艰难，干脆在沿海的港口建立一个城市，成了门户。

**解析·感悟**

中国互联网有很强烈的媒体模式，虽然搜狐以搜索开始，希望是中转站，但是绕道变成一个目标终点站，可谓无心插柳柳成荫。

**创业·箴言**

投资者担心的是，搜狐还在不断烧钱，现在又不被别人收购，万一你什么时候把9000万美元烧没了，我们就血本无归了。

**解析·感悟**

要了解这段话就要了解张朝阳说这段话的背景，搜狐当时还有8000万美元，上市前融了3000万，以前融资剩下600万，上市时一共有八九千万美元的现金量。但股价跌到0.7美元的时候，市值只有2500万美元，这样，投资者有所担心自然是情理之中了。

**创业·箴言**

对于西方投资者的权威性，我始终质疑。

**解析·感悟**

张朝阳不是很信服西方投资者的决策，他解释说："他们还不是我们的用户，他们没有在中国生活，不知道现在中国的互联网网民在干什么，这一点是构成他们对中国互联网企业判断失误的重大原因。"

**创业·箴言**

一个组织要有不断创新的能力，一个组织的文化提供了这个公司能不能具有持续创新的能力。

**解析·感悟**

不同企业有着不同的企业文化。企业文化作为企业制度和经营战略在人的价值理念上的反映，一方面要作为企业活力的内在源泉而存在，成为规范企业和员工行为的内在约束力；另一方面要与时俱进，不断在理念、观念等方面创新，以彰显其强大的生命力。企业文化创新对提升企业创新能力具有重要的驱动作用。

**创业·箴言**

如果一个历史悠久的公司能够永葆青春，它要有一个好的内部创业文化，各个部门都要有创新精神，要敢于否定自己的过去。搜狗的推出就是搜狐创新精神的一次体现。

**解析·感悟**

企业的生命力就在于它的创新能力，主要包括新产品的创新、技术的创新、市场的创新以及组织的创新、企业文化的创新等等。永无止境的创新是企业始终保持稳定发展的要诀。

**创业·箴言**

搜索将会跟编辑内容共存，就好像飞机跟火车共存一样，什么都需要。

**解析·感悟**

搜索的潜力非常非常巨大。搜索的发展不是说否定了原创和内容，而是两个共存。未来的互联网时代，搜索将会更加智能化，更加功能化。

**创业·箴言**

搜狐现在的潜力远远没有爆发，现在无论是跨国公司也好，还是国内公司也好，国内没有几个公司能出得起这个价收购的。我们独立自主走到未来，我们给股东的回报、给员工的回报都会非常巨大。至少到目前为止，还没有一个公司能够出到让搜狐动心去卖掉的价格。

**解析·感悟**

张朝阳对搜狐未来的发展信心十足，他认为，对网民和中国互联网来说，搜狐是一项事业，一项长久的伟大事业，对搜狐员工来讲，这是他们共同的事业。大家一起把这个事业、把这个革命进行到底。他鼓励股东说你就跟着我走，搜狐做成了，给你的回报不是30%、50%，你还是跟着我走，别想现在赚点儿小钱，我们未来是要赚大钱的。

**创业·箴言**

10年前的中国人可能一点鸡毛蒜皮的事就能打起来，有了冲突就两边聚众闹事。对于现在的中国人来说，任何一个问题纠纷都是可以避免的，总有某种程序可以解决。

**解析·感悟**

对程序的重视是文明人解决问题的办法，小到民事纠纷，大到国家决策，地区冲突等等，都是现代社会的常见问题，这些问题的解决依赖于每个构成现代社会的成员的智商的提高，从这一点上讲，互联网对于中国发展具有深远的意义。

## 创业·箴言

一个人要是有很强烈的成功的愿望，除了奋斗之外，得不停息地去思考，忍受内心的炼狱和折磨，能够从灰烬中站起来，反败为胜。

## 解析·感悟

创业者要学会观照内心，独立思考，经常体会自己本原的东西是什么，学会以第三只眼睛看自己，通过每件事情来了解内心。正如张朝阳所说："我走到今天这一步，并不是我念书念得有多好，虽然书我也念得不错，但我认为，事业的成功是应该首先归因于一个人心理上的自我观察和文化感受。"

## 创业·箴言

最让我望洋兴叹的问题，是中国人无法超越在西方人面前的自卑感。西方的发达导致我们从里到外，深刻地觉得中国人不如西方人。即使我克服掉这种感觉，我周围的朋友也没有克服掉。即使中国人克服掉了，美国人也没有克服掉。美国人有一种趾高气扬的感觉。即使他们表现出宽宏大量和谦和的一面，但其骨子里边也是一种傲慢。到了本质的利益之争时，他们基本的假设永远是自己对，哪怕他是错的。

## 解析·感悟

真正不自卑，是谦和、公平、礼让，根据事物的本来面目决定尊重谁和不尊重谁。只有超越了这种自卑感，才能完成人生的超越。

**创业·箴言**

一个人想获得成功，首先要相信自己。世间的道理没有任何规矩可言，没有成套的既定的说法。也许某种既定的说法是对的，但未必适合你，一定要倾听自己内心深处的声音。

**解析·感悟**

你也许目前是弱小的，对某些事情内心感到很恐惧、很不安，没有信心，会不断受到别人的影响，但你必须告诉自己：你自己对你才是最重要的，相信你自己，一切从自己出发，这样你才能不断设计出一条适合你自己的道路。

**创业·箴言**

与任何人的交往都是你成长的部分，你要加大你每天做事情的频率。必须牢记，重要的是去做，只有做才能带来某种真实，如果只是在思想里打转，你就永远跳不出自己潜意识的圈子。

**解析·感悟**

只有思考和行动两者巧妙而完美地结合，才能把你送进成功的殿堂。用思考来决定前进的方向，用行动来完成要达成的目标；用思考来寻找摆脱困难的方法，用行动来把各种困难化解……当你能够把这两者运用得十分自如的时候，你才可能真正体会到什么叫作事半功倍，心想事成。

**创业·箴言**

我在美国融资的成功，应该说是归功于我的真诚：诚心所至，金石为开。

**解析·感悟**

只要专心诚意去做，什么疑难问题都能解决。做一件事情，要特别的真诚，先得说服自己，让自己相信。哪怕是特别难的一件事情，也要让别人能感受到你的自信和真诚。

**创业·箴言**

一个人上中学时，他的才学和未来看起来不错，但后来在一系列变故之后，对生活一腔火焰般的热情就熄灭了，人就是这样未老而先衰的。反过来，最后你能存活下来，你的心理承受力就锻炼出来了。

**解析·感悟**

人在困难的时候比较容易磨炼心性，在顺利的时候比较难于磨炼心性。所以，人要敢于给自己创造困难，以此磨炼自己。

**创业·箴言**

每个人都有虚荣心，虚荣心有程度深浅之分，就像你饿久了就想吃饭一样。如果从小就一直被父母、被环境否定，不被承认的话，这种人要求被承认的意愿会非常强烈。每个人都有虚荣心，因为每个人都有过各种被否定的经历。

**解析·感悟**

积极的虚荣心有利于树立积极的人生目标。张朝阳从小就有这样的虚荣心，有强烈的被人认可与承认的意愿，这正是他日后努力想要做出一番事业的原动力。

创业感悟

第八章  比尔·盖茨创业感悟

**创业档案**

比尔·盖茨，微软公司创始人之一，曾任微软首席执行官和首席软件设计师，荣登全球首富宝座次数最多的男人。

1955年10月28日，比尔·盖茨出生在美国西雅图，曾就读于在西雅图的公立小学和私立的湖滨中学，在湖滨中学，他发现了自己在软件方面的兴趣并且在13岁时开始了计算机编程。

1973年，比尔·盖茨考进了哈佛大学，他学习的是法律专业。对于他来说，进入哈佛大学学习法律不过是依从父母的意愿罢了。

1975年1月，他的好友保罗·艾伦给他带来了一本《大众电子学》杂志，上面刊登了世界上首台商用微型电脑问世的消息，并称该电脑尚未开发出成熟的软件程序，这一消息使他们产生了长时间的兴奋，他们决心全身心地投入到自己所钟爱的电脑事业中去。

1975年6月，比尔·盖茨不顾家人的强烈反对，执意中断了在哈佛大学的学业，和他的好友保罗·艾伦一起在新墨西哥州的阿尔伯克基创建了自己的公司——微软公司，这个名字也是微型计算机和软件公司的缩写。

1981年，微软公司和IBM公司合作，推出新型的个人电脑，刺激电脑行业的人开始投注更多的精力在软件上，改写了电脑软件工业。

进入90年代后的几年间，比尔·盖茨及其微软公司从鲜为人知发展到占据了个人电脑所用软件的开发和服务市场的大部分。微软公司在短短的几年间取得如此巨大的成就，几乎垄断了个人电脑市场的所有领域，这完全应该归功于比尔·盖茨本人经商的本领。

1995-2007年，《福布斯》全球亿万富翁排行榜中，比尔·盖茨连续13年蝉联世界首富。

2008年6月27日，比尔·盖茨正式退出微软公司，并把580亿美元个人财产尽数捐到比尔与梅琳达·盖茨基金会。

2010年1月29日，比尔和梅琳达·盖茨在达沃斯论坛媒体发布会上表示，盖茨基金会将在未来10年之内为世界上最贫穷的地区提供疫苗研究、开发与应用支持。

2012年12月5日，《福布斯》杂志公布了2012年全球最有权势人物排行榜，比尔·盖茨名列第四。

**创业·箴言**

观念加时间才是真正的财富。改变贫穷，必先从改变观念开始！

**解析·感悟**

赚钱始于想法，观念决定财富。这个世界上，真正的富人都是最会用脑子赚钱的，你就是把他变成身无分文的穷光蛋，他很快还是会变为富人，因为他会用脑，他的脑子里没有穷观念。富人与穷人的最大不同就在于观念。

**创业·箴言**

金钱的积累是从"每一个硬币"开始的，一个成功创业者绝不会因为钱小而弃之，他们知道任何一种成功都是从一点一滴积累起来的，没有这种心态就不可能得到更大的财富。

**解析·感悟**

创业者一定要懂得财富是从小积累起来的道理，这样就可以让你更加珍惜现在的财富，同时并牢牢地抓住每一个细小的机会，之后，成功就会在不知不觉中到来。

**创业·箴言**

公平不是总存在的，在生活学习的各个方面总有一些不能如意的。但只要适应它，并坚持到底，总能收到意想不到的成效。

**解析·感悟**

生活是不公平的。这着实让人不愉快，但确是实情。我们许多人所犯的一个错误便是为了自己、或为他人感到遗憾，认为生活应该是公平的，或者终有一天会是公平的。其实不然，生活是不公平的，现在不是，将来也不会是，我们所需要做的，就是去适应生活的不公平，并坚持到底。

**创业·箴言**

如今我们所处的竞争时代，是一个优胜劣汰、适者生存的年代，等待别人的帮助或是祈求神灵的恩赐显然是不合时宜的，只有知难而进，勇于第一个吃"螃蟹"，才有机会抓住属于自己的机遇。

**解析·感悟**

要想在社会上取得成功，只有知难而进，勇于适应社会，勇于抓住时机，才能有自己的位置。当然，最重要的还是改变自己，把自己变成适应这个时代、适应社会竞争的人。直面人生是每个渴望成功的人必须接受的挑战，也是每一个生命个体不得不面对的严峻考验。

**创业·箴言**

无论遇到什么不公平——不管它是先天的缺陷还是后天的挫折，都不要怜惜自己，而要咬紧牙根挺住，然后像狮子一样勇猛向前。

**解析·感悟**

缺陷和挫折应当成为一种促使自己向上的激励机制，而不是一种宽恕和自甘沉沦的理由。缺陷和挫折也可以说是一种表征，暗示你应当为此做一点努力。重要的并不在于你所做的是什么事，而在于你应当采取某种行动。最不可取的态度是一点事情都不去做，一味让自己躲藏在缺陷和挫折的后面。动不动就被缺陷和挫折所吓倒的人是很容易让自己滋生一种自卑感的，久而久之，就什么事情都不敢去做了。

**创业·箴言**

如果我们有了一点成功便觉得了不得，这是很不好的。但是假如在我们为自己的成功自鸣得意时，有一个人来教训我们一番，那我们就很幸运了。

**解析·感悟**

世界上有很多人一辈子一事无成，原因之一就是因为他们太容易满足了！

而那些做出大事的人不喜欢听别人的奉承，他们只是以批判的态度来审视自己，把他现在的地位和他所期待的状况进行比较，并以此激励自己不断努力。创业者应该明白，只有不满足于现状，才会对生活有所追求，才能使我们热血沸腾，干劲冲天，才会使我们加倍努力。

## 创业·箴言

你能够使成功成为你生活中的组成部分，你能够使昨日的理想成为今天的现实。但是，靠愿望和祈祷是不行的，必须动手去做才能让你的理想实现。天下没有免费的午餐。

## 解析·感悟

成功不会自动降临。失败者谈起别人获得的成功总会愤愤不平地说："人家有好的运气。"他们不采取行动，总是等待着有一天他们会走运。他们把成功看作是降临在"幸运儿"头上的偶然事情。而成功者都是勤奋的人，他们从来都不靠运气的降临，只是忙于解决问题，忙于把事情做好。

## 创业·箴言

懒惰、好逸恶劳乃是万恶之源，懒惰会吞噬一个人的心灵，就像灰尘可以使铁生锈一样，懒惰可以轻而易举地毁掉一个人乃至一个民族。

## 解析·感悟

懒惰者是不能成大事的，因为懒惰的人总是贪图安逸，遇到一点儿风险就吓破了胆。所以，在被懒惰摧毁之前，你要先学会摧毁懒惰。从现在开始，摆脱懒惰的纠缠，不能有片刻的松懈。

**创业·箴言**

我发现，如果我要完成一件事情，我得立刻动手去做，空谈无济于事！

**解析·感悟**

办事拖延是一种非常不好的懒惰习惯，而立即行动却是一种成功的好习惯。不一样的习惯产生出截然相反的两种结果，要渴望成功，就要首先改掉拖延的坏习惯。被拖延下来的事情早晚也得去做，为什么却要往后拖延呢？现在休息，也许以后要付出更多的精力去弥补。明白了这个道理，就要立即改掉遇事拖延的坏习惯，马上行动起来。

**创业·箴言**

这个世界并不会在意你的自尊，而是要求你在自我感觉良好之前先有所成就。

**解析·感悟**

不在乎自己的自尊并不等于践踏自己的人格、侮辱自己的人性，相反它会使你摆脱因面子问题而感到尴尬的窘境，或者成为你走向辉煌的奠基石。让我们暂时忘记自己的自尊问题，这样才会以一颗近乎完美的心去乘风破浪，披荆斩棘，驾着人生的帆船，行驶在广阔的海洋上。

**创业·箴言**

小商品生意往往隐藏着巨大的市场需求和商机。

**解析·感悟**

千万别自大地认为你是个做大事、赚大钱的人，而不屑去做小事、赚小钱。要知道，连小事也做不好，连小钱也不愿意赚或赚不来的人，别人是不会相信你能做大事、赚大钱的！如果你抱着只想做大事，赚大钱的心态去投资做生意，那么失败的可能性很高！综观一些创业者的成功之路，他们多是从小事做起，从小买卖做起，从小钱赚起。赚小钱还有一个好处，就是积小成大，积少成多，时间久了，小钱也会变大钱。

### 创业·箴言

依赖的习惯，是阻止你步向成功的一个个绊脚石，要想成大事你必须把它们一个个踢开。

### 解析·感悟

依赖别人，即使跟着别人获取过成功，拥有过什么，占据过什么，实际上也是一无所有。因为依赖别人而成功的，实质上那是别人的成功，而自己仍然是一个不会独立、不会创造的失败者。物质上的拥有和占据，填补不了精神上的空虚和苍白。一旦你不再需要别人的援助自强自立起来，你就踏上了属于自己的成功之路。一旦你抛弃依赖，你就会发挥出过去从未意识到的巨大力量。

### 创业·箴言

如果你陷入困境，那不是你父母的过错，不要将你理应承担的责任转嫁给他人，而要学着从中吸取教训。

### 解析·感悟

不能承担责任，喜欢诿过于人的人，总觉得自己是正确的。他们自认为如此，可以维护自己的形象，提高威信，殊不知这样做只能适得其反。试想，谁愿意和连承认错误的勇气都没有的人共事？因此，诿过于人是失人之道，失信之道，万不可为。

**创业·箴言**

失败并非坏事，一次失败能教会你许多，甚至比你大学里所学的还有用。

**解析·感悟**

成功者与失败者最大的不同，就在于前者珍惜失败的经验，他们不被失败所困，花时间找出失败的原因，并从中吸取教训。后者一旦遭遇失败的打击就坠入痛苦的深渊中不能自拔，每天闷闷不乐，自怨自艾，直至自我毁灭。

**创业·箴言**

每一天都会有一个机遇，每一天都会有一个对某个人有用的机遇，每一天都会有一个前所未有的、绝不会再来的机会。

**解析·感悟**

不要总是抱怨机会没有垂青于你，只要注意生活中的细微之处，你就会发现机遇无处不在、无时不在。

**创业·箴言**

幸运之神会光顾世界上的每一个人，但如果她发现这个人并没有准备好要迎接她时，她就会从大门里走进来，然后从窗子里飞出去。

**解析·感悟**

成功的秘密在于，当机遇来临的时候，你已经做好了把握住它的准备。对于那些懒惰者来说，再好的机遇，也是一文不值；对于那些没有做好准备的人来说，再大的机遇，也只会彰显他的无能和丑陋，使他变得荒唐可笑。

**创业·箴言**

年轻人欠缺经验，但请不要忘记：年轻是你最大的本钱。不要怕犯错，也不要畏惧挑战，你应该坚持到底，在出人头地的过程中努力再努力。

**解析·感悟**

现在有些年轻人无论做任何事情，都会有前怕狼后怕虎的情绪。做事缩手缩脚，举足不定，他们以为这样做是很保险的。的确，这样做似乎很保险，但是成功的机会也是很少的。因此，做任何事情的时候，胆都要大心都要细，既不要怕犯错误，也要总结犯错的经验教训。

创业档案

沃伦·巴菲特，全球最成功、最著名的投资商，有"股神"之称。

1930年8月30日，沃伦·巴菲特出生于美国内布拉斯加州的奥马哈市。

1941年，刚刚跨入11周岁，巴菲特便跃身股海，并购买了平生第一张股票。

1947年，巴菲特进入宾夕法尼亚大学攻读财务和商业管理，但他觉得教授们的空头理论不过瘾，两年后就转学到尼布拉斯加大学林肯分校，一年内获得了经济学士学位。

1950年，巴菲特申请哈佛大学被拒之门外，随即考入哥伦比亚大学商学院，拜师于著名投资学理论学家本杰明·格雷厄姆。在格雷厄姆门下，巴菲特如鱼得水。格雷厄姆反对投机，主张通过分析企业的赢利情况、资产情况及未来前景等因素来评价股票，他传授给巴菲特丰富的知识和诀窍。

1951年，21周岁的巴菲特获得了哥伦比亚大学经济硕士学位。学成毕业的时候，他获得最高成绩A+。

1952年，巴菲特和苏珊·汤普森结婚，他们双方的父母是多年的老朋友。

在西北大学读书时，苏珊和巴菲特的妹妹罗伯塔是住同一间宿舍的舍友。

1957年，巴菲特成立非约束性的巴菲特投资俱乐部，掌管的资金达到30万美元，年末又升至50万美元。

1962年，巴菲特掌管的资本达到了720万美元，其中有100万是属于巴菲特个人的。当时他将几个合伙人企业合并成一个"巴菲特合伙人有限公司"，最小投资额扩大到10万美元，情况有点像私募基金或私人投资公司。

1964年，巴菲特的个人财富达到400万美元，而此时他掌管的资金已高达2200万美元。

1967年10月，巴菲特掌管的资金达到6500万美元。

1968年，巴菲特公司的股票取得了它历史上最好的成绩：增长了46%，而道·琼斯指数才增长了9%。巴菲特掌管的资金上升至1.04亿美元，其中属于巴菲特的有2500万美元。

1968年5月，当股市一路凯歌的时候，巴菲特却通知合伙人，他要隐退了。随后，他逐渐清算了巴菲特合伙人公司的几乎所有的股票。

1969年6月，股市直下，渐渐演变成了股灾，到1970年5月，每种股票都要比上年初下降50%，甚至更多。

1970-1974年，持续的通货膨胀和低增长使美国经济进入了"滞涨"时期。然而，一度失落的巴菲特却暗自欣喜异常，因为他看到了财源即将滚滚而来——他发现了太多的便宜股票。

1973年开始，巴菲特偷偷地在股市上蚕食《波士顿环球》和《华盛顿邮报》，他的介入使《华盛顿邮报》利润大增，每年平均增长35%。10年之后，巴菲特投入的1000万美元升值为两个亿。

1980年，巴菲特用1.2亿美元、以每股10.96美元的单价，买进可口可乐7%的股份。

1992年，巴菲特以74美元1股购下435万股美国高技术国防工业公司——通用动力公司的股票。

1994年底，已发展成拥有230亿美元的伯克希尔工业王国，早已不再是一家纺纱厂，它已变成巴菲特的庞大的投资金融集团。

自2000年开始，巴菲特透过网上拍卖的方式，为格来得基金会募款，底价5万美元起拍，以获得与巴菲特共进晚餐的机会。

2006年6月，巴菲特宣布将1000万股左右的伯克希尔·哈撒韦公司B股捐赠给比尔与梅琳达·盖茨基金会的计划，这是美国有史以来最大的慈善捐款。

2011年，巴菲特以净资产500亿美元位列福布斯榜第三名。

**创业·箴言**

我从来不曾有过自我怀疑。我从来不曾灰心过。

**解析·感悟**

"大石拦路，勇者视为进步的阶梯，弱者视为前进的障碍。"只要相信自己的力量，树立必胜的信心，尽自己最大的努力，就一定会获得成功的，成功者无不是如此。

**创业·箴言**

如果不能在30岁以前成为百万富翁，我就从奥马哈最高的建筑上跳下去。

**解析·感悟**

想得到财富，就先要把财富的观念送入潜意识，心中先相信你会有很多财富。换句话说，就是你一定要对创业赚钱致富有坚定的决心。可以说，坚定的决心是大多数富人成功的第一要素。几乎没有一个富人会试图掩饰他们血液里始终兴奋着的赚钱决心：不赚钱，毋宁死。

**创业·箴言**

开始存钱并及早投资，这是最值得养成的好习惯。

**解析·感悟**

习惯铸就财富。巴菲特从11岁就开始投资股市，历经几十年坚持不懈。因此，他认为，他今天之所以能靠投资理财创造出巨大财富，完全是靠近60年的岁月，慢慢地在投资的复利作用下积累而创造出来的。

**创业·箴言**

在马拉松比赛中，你想跑到第一的前提是必须跑完全程。

**解析·感悟**

可以这么说，世界上如果有100个人的事业获得巨大成功，那么，至少有100条走向成功的道路。然而，这100个人具有同一种品质：对待自己的事业有股不服输的狠劲儿，在没有到达目标之前，他们绝不会收住自己前进的脚步。

**创业·箴言**

在规则之外，要遵循榜样的引导。

**解析·感悟**

你若想在哪一个行业做出一番成绩，成就一番事业，就要勇敢地向你的同行中的前辈、成功人士学习，遵循榜样的引导，事实上，这并不是一件多丢面子的事。你应该公正无私地评估自己的目标和能力，然后模仿学习，调整适应，如果肯努力的话，有时还能超越你学习的对象。

**创业·箴言**

除了丰富的知识和可靠的判断外，勇气是你所拥有的最宝贵的财富。

**解析·感悟**

在创业的过程中，困难重重，如果没有足够的勇气来面临抉择，失败的概率将大大加大。就像当年拿破仑进军俄国时，虽然知道情势对自己不利，但他却心存侥幸，没有果断退兵，结果大败。正因为他当时没有选择放弃的勇气，一次抉择的不当造成了终生的悔恨。相反，在第二次世界大战中，法国的戴高乐鼓起勇气，下令全军撤退至英伦，希望他日东山再起，结果最终战胜了法西斯。正因为有了勇气，使两者的结局截然不同。没有了勇气，就没有成功。勇气是迈向成功的第一步。需要指出的是，勇气绝不等于愚勇，绝不是不自量力、不计代价地横冲直撞。

**创业·箴言**

无法控制情绪的人不会从投资中获利。

**解析·感悟**

不以涨狂，不以跌惧，注重长期价值分析判断，让理性成熟的投资理念而非人性欲望的贪婪恐惧来控制你的情绪，杜绝一切非理智的买卖冲动，你的投资理财就将会拥有一个美好而又稳健的未来。

**创业·箴言**

如果把那些曾经信任过我的人推开，我不会自我感觉良好。

**解析·感悟**

信任你的人是最能给你以帮助的人，推开信任的人，那你不是陷入孤军奋战的境地，就是成为尔虞我诈的残酷竞争的牺牲品。

**创业·箴言**

一个正直的人他不会心口不一，想一套，说一套——因为实际上他不可能撒谎；他也不会表里不一，说一套，干一套——这样他不会违背自己的原则。我坚信，正是由于没有内心的矛盾，才给了一个人额外的精力和清晰的头脑，使他必然获得成功。

**解析·感悟**

在美国的工业社会中，那些前途远大的人所面临的竞争是严峻的。一年接着一年，实业家们苦心研究年轻人在学校里的成绩，审查他们的申请，为符合理想的人们提供特殊的优越条件。然而，他们实际上寻求的是什么呢？大脑？精力？实际能力？肯定，这一切都是需要的。但这些只能使一个人获得某种程度的成功，如果他要攀上高峰，担当起指挥决策的重任，那么还必须加上一条因素。有了它，一个人的能量可以发挥出双倍、三倍的效力。这一奇迹般的品格因素就是——正直。

**创业·箴言**

就算是杰西欧文斯的小孩要参加百公尺赛跑，也不能享受从50公尺线起跑的待遇。

**解析·感悟**

其实，不仅是巴菲特，大多数富人都有这样一个共同的认识，那就是要想致富赚钱，要想获得创业的成功，就千万不能指望父辈的荣光，不能以为有了父辈打下的良好基础就能自然而然地享受优于别人的待遇。

**创业·箴言**

不懂不选，不熟不做。

**解析·感悟**

毛主席有句名言：不打无把握之仗。做任何事情都存在风险，要想获得成功，就需要在不确定中寻找确定性。巴菲特的投资原则之一就是只做自己完全明白的事，"投资人真正需要具备的是正确评估所选择企业的能力。请特别注意'所选择'这个词，你并不需要成为一个通晓每一家或者许多家公司的专家。你只需要能够评估在你能力圈范围之内的几家公司就足够了。能力圈范围的大小并不重要，清楚自己的能力圈边界才是至关重要的。"

**创业·箴言**

我有一个内部的记分牌。如果我做了什么事，别人不喜欢，但我自己很喜欢，我会感到高兴。如果我做的事，别人纷纷夸奖，但我自己并不满意，我不会感到高兴。

**解析·感悟**

哲学家们告诉我们，做我们所喜欢的，然后成功就会随之而来。兴趣是最好的老师。做自己喜欢做的事情，才会有所成就；在自己不喜欢的事情上浪费光阴，最终只能一败涂地。每天有许多事可做，但有一条原则不能变，那就是一定要做你最喜欢做的事。每个人都必须当机立断，去做自己喜欢做的事情，当知道自己已经走错方向时，就要及时地掉转头，朝正确的方向走，才会达到理想的目的地。如果明知错了还要继续走，最终会一败涂地。

**创业·箴言**

思考永远是行动的前锋。在行动之前一定要先思考。

**解析·感悟**

思考绝对是没有坏处的。事情的真相往往被它的假象所遮盖，这时就需要你冷静思考，沉着应对，拨开缭绕的迷雾，把事情的真相弄明白，只有这样做事情才不会后悔，才不会承受做错事的危害。

**创业·箴言**

我们的工作就是专注于我们所了解的事情，这一点非常非常重要。

**解析·感悟**

成功其实很简单，只要比别人多一点专注的精神，当别人放弃时，成功者依然专注自己的工作，直到最后成功。成功就好像遗失在粮仓中的金表，它已经存在，我们也知道它的存在，只是有的人专注地寻找下去，而有的人放弃了。放弃了寻找，我们就永远找不到成功；而选择了继续寻找，我们终会听到那寂静中清晰的"滴答"声。想获得成功并不难，只要——专注！

**创业·箴言**

我们之所以取得目前的成就，是因为我们关心的是寻找那些我们可以跨越的一英尺障碍，而不是去拥有什么能飞越七英尺的能力。

**解析·感悟**

首先做正确的事，然后才是正确地做事。如果做了错误的事情，越是正确地去做，那么死亡得越快。我们在做事之前，得先明白做事的步骤，只有这样我们才能把事情做好。首先是做正确事，其次是正确地做事，最后才是把事做正确。只有经过了三步的"浪里淘沙"后，我们才会成为沙砾中闪耀的金子。

**创业·箴言**

永远不要问理发师你是否需要理发。

**解析·感悟**

做你应该做的！也就是说，你认为对的，就毫不动摇地去做，参考别人意见时要看意见本身，而不是看别人的脸色。这么做确实会让一些人不高兴，但你的毫不动摇，却可赢得这些人事后的尊敬，毕竟人还是服从公理的，除非你的坚持纯是为了私心。这么做，会有人称赞你，也会有人骂你，但想面面俱到的人，结果是——每个人都笑你。

**创业·箴言**

如果你不能控制住你自己，你迟早会大祸临头。

**解析·感悟**

一个我行我素的人，是难以在某一领域取得突破的。因此，必须要约束自己，制约自己。我们唯一能控制的便是我们自己，如果我们不能控制自己的话，别的力量就会来左右自己了……

**创业·箴言**

在市场的指导下，信息才能变得特别有用。

**解析·感悟**

现在社会里，把握市场先机变得越来越重要，经商也是这样。人们常常说，时间就是金钱，经营实践也证明，市场先机也是金钱。谁先抓住市场先机并迅速采取行动，谁就可能成为赢家。

**创业·箴言**

你人生中的最重要决定是——跟什么人结婚。在选择未来伴侣这件事上，如果你真的选错了，将让你损失很多。而且这个损失，不仅仅是金钱上的。

**解析·感悟**

当要选择一个人做终身伴侣时，谁都不想做错误的选择，然而当离婚率高达50%时，那是因为还是有很多人在选择伴侣时犯了严重的错误。当你问很多订婚时的一脸幸福的人为什么要结婚时，他或她一定会回答说："我们相爱啊！"这是很多年轻人在热恋阶段最容易犯的第一个错误。聪明的人会明白，选择终身伴侣绝对不可只以爱为基础，这也许听起来不太正确，但其中有深奥的道理存在，也关系着一个人一生的幸福。

**创业·箴言**

有桥牌打，不介意坐牢。

**解析·感悟**

一个人没有爱好，生活会单调、枯燥、乏味；一个人有了正当的爱好，会终生受益不尽，其乐融融。爱好，不仅能丰富一个人的学习、工作、生活，更能陶冶人的情操，让人活得快乐，舒畅，多姿多彩。

**创业·箴言**

我不拿任何工作与我的工作做交易。

**解析·感悟**

工作不仅是为了满足生存的需要，同时也是实现个人人生价值的需要，一个人总不能无所事事地终老一生，应该试着将自己的爱好与所从事的工作结合起来，无论做什么，都要乐在其中，而且要真心热爱自己所做的事。成功者乐于工作，能够在工作中找到快乐，并且能将这份喜悦传递给他人，使大家不由自主地接近他们，乐于与他们相处或共事。人生最有意义的就是工作，与同事相处是一种缘分，与顾客、生意伙伴见面是一种乐趣。所以，热爱工作吧！

**创业·箴言**

我不会以我挣来的钱衡量我的工作的价值。其他人也许会这么做，但我当然不会。

**解析·感悟**

假如你想成功，对于自己的工作，最起码应该这样想：投入工作，我是为了生活，更是为了自己的未来而工作。薪金的多与少永远不是我工作的终极目标，对我来说，那只是一个极微小的问题。我所看重的是，我可以因工作获得大量知识和经验，以及踏进成功者行列的各种机会，这才是有极大价值的酬报。

事实证明，如果你不计报酬、任劳任怨、努力工作，付出远比你获得的报酬更多、更好，如此，你不仅表现了你乐于工作的美德，还因此发展了一种不同寻常的技巧和能力，这将使你摆脱任何不利的环境，无往而不胜。

**创业·箴言**

无论谁一旦与我同一个战壕，他就能拿枪指着我的脑袋。

**解析·感悟**

人类的社会性活动决定了每个人都直接或间接地需要他人的支持、配合与帮助，这种人与人之间的相互联系形成了人际关系。团队成员处于一个集体中，为同一个目标而奋斗，要想彼此之间融洽地相处与工作，最需要的就是信任。

**创业·箴言**

当别人贪婪时我们恐惧，当别人恐惧时我们贪婪。

**解析·感悟**

贪婪和恐惧是人类的天性，对利润无休止地追求，使投资者总希望抓住一切机会，而当股票价格开始下跌时，恐惧又充满了投资者的脑袋。投资者贪婪或者恐惧时，常常会以愚蠢的价格买入或卖出股票，追涨杀跌是贪婪与恐惧形成的典型后果。

**创业·箴言**

生活的关键在于要给自己准确定位。

**解析·感悟**

对于创业者来说，准确的定位就是个人发展的一盏指路之灯，让我们清楚自己未来的路与方向。在竞争激烈的现代社会，一个人越清楚了解自身的资源与优势，明白如何根据个人核心优势去制定未来发展道路，他必然更容易实现成功的梦想。

**创业·箴言**

要想游得快，借助潮汐的力量要比用手划水效果更好。

**解析·感悟**

上帝是公平的，他赐予每个人以相同的机遇。但是有的人成功了，一跃成为商业巨人、上层名流。而有的人终日庸庸碌碌，一事无成。一个主要原因就在于有人抓住了机遇办成了事，有的人却让机遇轻易溜走。

**创业·箴言**

好机会不常来。天上掉馅饼时，请用水桶去接，而不是用顶针。

**解析·感悟**

不要把自己无所作为归咎于没有机会，也不要自以为才华盖世而埋怨不遇良机。机会是人人有份的，但她并不是无私地给予每一个人，机会偏爱那些有准备的头脑，机会只垂青那些懂得怎样追求她的人。

**创业·箴言**

对于每一笔投资，你都应当有勇气和信心将你净资产的10%以上投入。

**解析·感悟**

巴菲特投资理念中重要的一条就是"尽量避免风险，保住本金"，但并不是说巴菲特就反对冒险，而是说"尽量"避免而已，须知，投资本身就是很具冒险性的工作。在机遇来临时，如果无法避免风险，那就要有勇气冒险。成功的机遇很可能会主动降临到我们每一个人头上，就看我们是否能把握住，而那些一定能成功的人则不是等待这种机遇降临在自己头上，而是自己去捕获机遇，冒险就是他们最好的工具。

**创业·箴言**

我的父母告诉过我，如果我对一个人说不出什么美好的话，那就什么也别说。我相信父母的教导。

**解析·感悟**

做人要成功，就千万不能吝啬赞美的语言，爱听赞赏是一个人的天性。心理学家证实：心理上的亲和是别人接受你意见的开始，也是别人转变态度的开始，因此，与人沟通时一定要多用赞美，如果实在没什么可赞美的，那就要像巴菲特所说的那样，什么也别说。

**创业·箴言**

我从来不和别人做无谓的争辩。

**解析·感悟**

在大多数情况下，真理不需要争辩。若有人向你说明一件你认为非真理的事，你大可不必去教训他，让自然命运去证明他的错误就是了。正所谓，与其为争路被狗咬，不如给狗让路。充满智慧的老富兰克林常说："如果你辩论、争强或者反对，你有的时候可能获得胜利；但是这种胜利是空洞的，因为你再也得不到对方的好感了。"总之，在争辩里面，没有胜利的人，也没有最后定局的话，一切都是相对的，提高了热情去争辩太不值得，让别人自作聪明，自己只管抱着冷静的态度就是了。

**创业·箴言**

我最喜欢持有一只股票的时间期限是——永远。

第十章　乔布斯创业感悟

**创业档案**

　　史蒂夫·乔布斯，苹果电脑创始人，全球IT产业的先驱者和领航者。

　　1955年2月24日，乔布斯出生于美国旧金山。

　　1972年，高中毕业后，在波兰的一所大学中只念了一学期的书。

　　1974年，在一家公司找到设计电脑游戏的工作。

　　1976年后，时年21岁的乔布斯和26岁的沃兹尼艾克在乔布斯家的车库里成立了苹果电脑公司。

　　1977年1月，苹果公司正式注册成立。

　　1980年12月12日，股票在华尔街上市。

　　1983年，乔布斯着力研究新个人电脑。

　　1984年，第一台Mac机面市。

　　1985年，乔布斯在苹果高层权力斗争中离开苹果并成立了NeXT公司，瞄准专业市场。

　　1986年，乔布斯收购皮克斯。

1996年，苹果公司重新雇佣乔布斯作为其兼职顾问。

1997年9月，乔布斯重返苹果公司任首席执行官。

1998年，iMac成为美国最畅销个人电脑。

2004年，乔布斯被诊断出胰腺癌，苹果股价重挫。

2005年，推出第五代iPod播放器。

2007年，斯蒂夫·乔布斯在Mac World上发布了iPhone与iPod touch。

2010年1月27日，苹果公司平板电脑iPad正式发布。

2011年3月3日，苹果公司正式发布了旗下第二款平板电脑iPad2，乔布斯现身发布会现场。

2011年8月，乔布斯辞去苹果CEO职务，转任公司董事长。

2011年10月5日，乔布斯逝世，终年56岁。

**创业·箴言**

不相信奇迹，奇迹就永远也不会降临到你身上。奇迹实际上就是你的自信、能力和行动力。

**解析·感悟**

你肯定从电脑、电视、报纸等媒体的传播中，得知过许多曾创造了很多奇迹的真实人生故事。譬如，人在沙漠中遇险并在理论上不可能的情况下幸免于难；遇难者在地震后的废墟中挑战生命的极限；在一场必输无疑的赛局中上演惊天逆转……这些故事都有一个共同点：处在绝境中的主人公都怀有一个坚定的信念，正是这种信念支撑着他们坚持到了最后。当你相信自己时，奇迹就会发生。这就是那些缔造奇迹的人所秉持的信念。

**创业·箴言**

成就一番伟业的唯一途径就是热爱自己的事业。如果你还没能找到让自己热爱的事业，继续寻找，不要放弃。跟随自己的心，总有一天你会找到的。

**解析·感悟**

去寻找一个能给你的生命带来意义、价值和让你感觉充实的事业。拥有使命感和目标感才能给生命带来意义、价值和充实。这不仅对你的健康和寿命有益处，而且即使在你处于困境的时候你也会感觉良好。在每周一的早上，你能不能利索地爬起来并且对工作日充满期待？如果不能，那么你得重新去寻找。

**创业·箴言**

让所有人都被你的激情感染并拍手叫好。

**解析·感悟**

看看你周围那些成功的人，他们大都有着积极的态度。一个人的态度决定了他的行为，同样，一个人的态度能够产生一种力量，这种力量决定了他对待工作是尽心尽力还是敷衍了事，而身为创业者，这种力量直接决定了你和你的团队是否能够拥有成功。

**创业·箴言**

人一辈子没法做太多事，所以每件都要做得精彩绝伦。

**解析·感悟**

这里所说的精彩绝伦不是要求你每件事都做到十全十美，而是要你做每一件事的时候都要竭尽全力，唯有如此，我们才能让自己慢慢地越来越靠近优秀，进而让自己向卓越迈进。在苹果，几乎每个大项目都有可能被乔布斯要求推倒重来，理由很简单——这不仅仅是工程学和科学，也是艺术。所以，很多人才说，乔布斯追求的是一种"残忍的完美"。

**创业·箴言**

创业太不容易了！你为此放弃了全部生活。我想在许多举步维艰的时刻，大多数人都放弃了。我不是在指责他们，我深知其中痛苦的滋味，仿佛整个人生被吞噬了。如果你要照顾自己的家庭、孩子，同时又处于创业的起步阶段，那我都不敢想象你怎样才能熬过来。当然，有人熬过来了，这是创业成功必经的痛苦阶段。

**解析·感悟**

如果你真的决定创业，那等待着你的往往不是顺畅的大路而是充满荆棘的小路，为了成功你可能会变得很孤独，变得一无所有甚至没有了最基本的健康。所以如果你想创业的话，就好好想想乔布斯说过的这些话吧，不要盲目地决定自己的将来，因为一个创业的决定或许真的会改变你的一生。你需要认真地问问自己，就算是这样你也要创业吗？

**创业·箴言**

我是我所知唯一一个在一年中失去2.5亿美元的人……这对我的成长很有帮助。

**解析·感悟**

犯错误不等于失败。从来没有哪个成功的人没有失败过或者犯过错误，相反，成功的人都是犯了错误之后，做出改正，然后下次就不会再错了，他们把错误当成一个警告而不是万劫不复的失败。从不犯错意味着从来没有真正成功过。

**创业·箴言**

如果你对你所做的事情不再有激情，你需要考虑去做其他的事情了。

**解析·感悟**

当大多数关于创新话题的书籍和研究报告都还集中在讨论那些复杂的理论、方法和技巧时，乔布斯——这位世界上最令人激动的创新者用他的生命历程和言谈话语向我们展示了创新的源泉——激情。乔布斯抓住了自己的激情，他将思想的火花变为了实际的产品和服务，从而创造出了那些颠覆世界的新产品。

**创业·箴言**

集中和简单一直是我的座右铭。

**解析·感悟**

乔布斯认为，简单比复杂更难实现。他用多年时间让自己的思维变得简单、有条理，最后开发出超凡脱俗的"苹果"系列产品。通过乔布斯的成功经历，我们应该认识到，选择越多，我们越要记住：奇迹往往来源于一个简单而执着的信念。

**创业·箴言**

我愿意把我所有的科技去换取和苏格拉底相处的一个下午。

**解析·感悟**

几十年来，世界各地的书店里涌现出海量的关于历史人物的书籍，这些人物包括苏格拉底、达芬奇、哥白尼、达尔文以及爱因斯坦，他们成为人们灵感的灯塔，而苏格拉底排在第一位。西塞罗评价苏格拉底说："他把哲学从高山仰止高高在上的学科变得与人休戚相关。"把苏格拉底的原则运用到你的生活、工作、学习以及人际关系上吧，这不是关于苏格拉底，这是关于你自己，以及关于你如何给你每天的生活带来更多的真善美。

**创业·箴言**

活着就是为了改变世界，难道还有其他原因吗？

**解析·感悟**

你是否知道在你的生命中，有什么使命是一定要达成的？你知不知道在你喝一杯咖啡或者做些无意义事情的时候，这些使命又蒙上了一层灰尘？我们生来就随身带着一件东西，这件东西指示着我们的渴望、兴趣、热情以及好奇心，这就是使命。你不需要任何权威来评断你的使命，没有任何老板、老师、父母、牧师以及任何权威可以帮你来决定。你需要靠你自己来寻找这个独特的使命。

**创业·箴言**

不要害怕成为榜样，要抓住出头的机会让人们知道你的所作所为。

**解析·感悟**

在充满竞争的时代里，应该认可个性张扬，抓住一切机会努力表现自己，为自己周围的人们树立一个好榜样。

**创业·箴言**

在这个纷繁的社会里，真正的陷阱会伪装成机会，而真正的机会有时也会伪装成陷阱。因此，不要盲目地相信一些表面的现象，要从现象中挖掘本质，要有自己的判断。

**解析·感悟**

在复杂多变的现实生活中，人们往往被表象所迷惑，被耀眼的光环蒙蔽双眼，无法正确地认知世界，无法穿越纷繁之表象直达事物之本质。每个事物都有表象，在表象之下才是本质，有时它们是相符的，不过，大多数时候，它们是不一致的。每个人都有成功的特质，只不过那些不成功的人是因为被表象所迷惑，不能洞察事物的本质，所以才无所建树。

**创业·箴言**

人生的成就是善于把点点滴滴相关联的事情串联起来思考，但大学不能串联灵感。

**解析·感悟**

这句话是乔布斯的切身之谈，试想，如果乔布斯一直待在大学里，就不可能把这些点点滴滴的灵感串起来，也许就没有今天的苹果传奇了，所以他选择了退学。乔布斯觉得在学校里无法前瞻性地将学到的点点滴滴串联在一起，只有在未来去回顾那些在生活中体悟到的零零碎碎的灵感时，才会明白。

**创业·箴言**

成为卓越的代名词，很多人并不能适合需要杰出素质的环境。成功没有捷径。你必须把卓越转变成你身上的一个特质。最大限度地发挥你的天赋、才能、技巧，把其他所有人甩在你后面。

**解析·感悟**

高标准严格要求自己，把注意力集中在那些将会改变一切的细节上。变得卓越并不艰难——从现在开始尽自己最大的能力去做——你会发现生活将给你惊人的回报。

**创业·箴言**

我们认为看电视的时候，人的大脑基本停止工作，打开电脑的时候，大脑才开始运转。

**解析·感悟**

过去十年中，大量的理论研究表明，电视对人的精神和心智是有害的。大多数电视观众都知道这个坏习惯会浪费时间并且使大脑变得迟钝，但是他们还是选择待在电视机前面。关掉电视吧，给自己省点脑细胞。还有，电脑也会让你的大脑变得呆板，不信的话你去跟那些一天花8小时玩第一视角设计游戏、汽车拉力游戏、角色扮演游戏的人聊聊看，你也会得出这个结论的。

**创业·箴言**

并不是每个人都需要种植自己吃的粮食，也不是每个人都需要做自己穿的衣服，我们说着别人发明的语言，使用别人发明的数学……我们一直在使用别人的成果。使用人类的已有经验和知识来进行发明创造是一件很了不起的事情。

**解析·感悟**

带着责任感生活，尝试为这个世界带来点有意义的事情，为更高尚的事情做点贡献。这样你会发现生活更加有意义，生命不再枯燥。需要我们去做的事情很多。告诉其他人你的计划，不要鼓吹，也不要自以为是，更不能盲目狂热，那样只会把人们吓跑，当然，你也不要害怕成为榜样，要抓住出头的机会让人们知道你的所作所为。

**创业·箴言**

你想用余下的生命去卖糖水，还是有一个机会改变世界？

**解析·感悟**

这是乔布斯说服前百事可乐CEO约翰·斯卡利加入苹果公司的经典名言。成功的人永远乐于迎接挑战、不甘满足，正是这种热情，推动他们挑战并实现一个个新的目标。

**创业·箴言**

你的时间有限，所以不要为别人而活。不要被教条所限，不要活在别人的观念里。不要让别人的意见左右自己内心的声音。最重要的是，勇敢地去追随自己的心灵和直觉，只有自己的心灵和直觉才知道你自己的真实想法，其他一切都是次要的。

**解析·感悟**

你是否已经厌倦了为别人而活？不要犹豫，这是你的生活，你拥有绝对的自主权来决定如何生活，不要被其他人的所作所为所束缚。给自己一个培养自己创造力的机会，不要害怕，不要担心。过自己选择的生活，做自己的老板！

**创业·箴言**

这是一个非常特别的时刻。我独自一个人时，所需要的不过是一杯清茶、一盏明灯和一台音响而已。你知道的，这是我所拥有的全部。

**解析·感悟**

乔布斯不断创造辉煌，这种辉煌的创造来源于乔布斯内心强大的信仰——活着就是为了改变世界。财富对乔布斯来说只是个数字的概念，并没有那么重要，在他看来让苹果与众不同才是最重要的，他要让自己变得不同凡响。正因为抛开了对物质财富的追求，他才总是能保持一颗平静的心。

**创业·箴言**

所有做出重大成就的人都是非常努力的人，他们不断地学习、勤奋努力，不断拼搏，才最终获得了世人称道的成绩。纵然是天才型的人物，也得经过勤学苦练才能取得一些成绩。

**解析·感悟**

人生中任何一次成功的获取，都是勤学苦练的结果。努力工作、用心工作、勤奋工作，是成功的根本。不努力工作，就无法享受到成功之果的芬芳和甜蜜。从来都没有什么成功是唾手可得的。

**创业·箴言**

过去常常认为一位出色的人才能顶两名平庸的员工，现在我认为能顶50名。

**解析·感悟**

公司不一定需要人多，管理好优秀的人才，让优秀的人才相互合作并发挥最大的作用，这才是最重要的。

**创业·箴言**

佛教中有一句话：初学者的心态；拥有初学者的心态是件了不起的事情。

**解析·感悟**

初学者的心态是指，不要无端猜测、不要期望、不要武断也不要偏见。初学者的心态正如一个新生儿面对这个世界一样，永远充满好奇、求知欲、赞叹。众所周知，乔布斯是禅宗的信徒，他的这段话就是从禅宗中悟出的哲理。禅宗认为，拥有初学者的心态是件了不起的事情，认为凡事不要迷惑于表象而要洞察事务的本质。

**创业·箴言**

领袖和跟风者的区别就在于创新。

**解析·感悟**

创新无极限！只要敢想，没有什么不可能，立即跳出思维的框框吧。如果你正处于一个上升的朝阳行业，那么尝试去寻找更有效的解决方案：更招消费者喜爱、更简洁的商业模式。如果你处于一个日渐萎缩的行业，那么赶紧在自己变得跟不上时代之前抽身而出，去换个工作或者转换行业。不要拖延，立刻开始创新！

**创业·箴言**

优秀的艺术家复制别人的作品，更优秀的艺术家则偷窃别人的作品。我们从不以偷窃别人的伟大作品为耻。

**解析·感悟**

这是乔布斯谈起创新时说起的两句话，前一句话是毕加索的格言，而后一句"我们从不以偷窃别人的伟大作品为耻"才是乔布斯的原创。乔布斯的真正意思是偷窃伟大作品中的思想并加以创新和运用，而不是单纯地跟风和抄袭。

**创业·箴言**

不必因为别人说三道四而烦恼、生气，由别人去说，我们要听从内心的声音，去做自己想做的事情，不能因为别人的非议就去改变或放弃自己的想法。

**解析·感悟**

很多时候我们总是情不自禁地陷于别人的评论之中。别人的一言一语都可能搅扰我们的心，损害我们往前迈进的勇气。要知道，嘴长在别人身上，想要杜绝别人的议论，实际上是不可能的。我们唯一能做的，就是不要去理会这些"风言风语"。正如但丁名言："走自己的路，让别人去说吧！"

**创业·箴言**

只有相信自己所做的是伟大的工作，你才能怡然自得。

**解析·感悟**

工作占据生活的很大部分。找到适合自己喜欢的工作、发自内心地热爱它，便会不自觉地调动你的才智，让自己得到满足、充实与快乐。

**创业·箴言**

有时候工作需要一些挑剔。

**解析·感悟**

每个人的身上都蕴涵着无限的潜能，如果你能在心中把追求完美定为自己的标准，把你经手的每一件工作认真做到无可挑剔，那么你就能摆脱平庸，走向卓越。

**创业·箴言**

任何一个人，正确地认识自己，虚心向别人学习，永远是其事业成功的保障。

**解析·感悟**

在谦虚的指引下，人们就会渴求学习，从而使自己不断进步，最终达到成功的顶峰。不能因为自己掌握了一些知识和思想就以为那是极限，以为已经完美从而再也不肯虚心学习了。学习是一个新陈代谢的过程，如果你总是抱着老旧的思想，不肯接受或学习新思想，你就会落后于时代。有生必有死，有新必有旧，只有不断求新才会永远充满活力和创造力。

**创业·箴言**

没有人能逃脱死亡，但这是我们每个人共同的终点。

**解析·感悟**

知道自己患上绝症之后，乔布斯并没有怨天尤人，反倒幽默地告诉自己和大家：死亡可以将旧的清除，以便给新的让路。这份坦然让他患癌之后仍然积极地工作生活，继续活了八年之久。

**创业·箴言**

我的长远理想就是让所有人都能够使用电脑。对我而言，这就意味着一定要通过广告向公众宣传这些电脑。我的梦想就是世界上的每一个人都拥有自己的苹果电脑。为了做到这一点，我们一定要成为一家非凡的公司。

**解析·感悟**

乔布斯认为，品牌仅次于技术。这种观念的背后，是乔布斯的品牌秘方，他坚信：革命性的技术与营销的结合才是苹果公司成功的关键。有不少评论人士并不认同苹果公司的广告才能，认为它比起技术来微不足道。但品牌营销一直都是苹果公司的关键战略之一，乔布斯也一直将广告作为一种与竞争对手相区分的重要的、有效的方法。

**创业·箴言**

如果你是个木匠，正在做漂亮的衣柜，你是不会用复合板来做衣柜背面的。虽然没有人会看到衣柜的背面，但是你依然会使用良木来制作柜子的背面。为了让你睡得安心，产品的艺术感和质量都要一直保持下去。

**解析·感悟**

将科技与艺术进行完美地结合，这是苹果公司的理念，也是乔布斯坚持创新的方向。在这个世界上，能同时将创新、质量、成本三者都做到极致的大概只有苹果公司的乔布斯了。乔布斯的成功不是偶然，苹果公司的成功也不是偶然。苹果公司早在30年前就开始从事手机业务，可以说拥有非常强大的洞察未来的能力。iPhone就像是一款永不过时的产品，它代表着最新的技术，拥有最好的体验，而且还是一个完美的艺术品。

**创业·箴言**

一定要有一个充满激情的想法或者你想纠正的错误，否则你将不会有坚持这一项目的毅力。我认为，做到这一点就成功了一半。

**解析·感悟**

在一切皆不确定的情况下，唯一能确定的可能就是激情。很多时候，困难根本就没有我们想象的那么可怕，只要我们放开自己的人生，在任何困难面前都激情不减，那么，生活中就没有过不去的坎。但是，如果我们封闭自己的心，亲手将自己的激情熄灭，那么，我们就会掉进自己为自己打造的"心狱"。

# 第十一章　洛克菲勒创业感悟

**创业档案**

　　约翰·戴维森·洛克菲勒，美国资本家、实业家、慈善家，美国第一个亿万富翁，标准石油创始人。

　　1839年7月8日洛克菲勒出生于美国纽约州里奇福德。

　　1853年，洛克菲勒的家庭搬到了俄亥俄州的克利夫兰。

　　1855年9月，16岁的洛克菲勒在经过6个礼拜的求职后，终于在一家小公司开始了第一份工作：簿记员。此时他的月薪是17美元。领到第一份薪水的他向自己承诺：未来毕生都要捐出1/10的财产于慈善事业。

　　1858年，19岁的洛克菲勒离职，与朋友克拉克合伙开始独立经营农产品转售的生意。

　　1859年，宾州开挖出世界第一口油井，无数人疯狂地涌进西北，数以千计的油井被胡乱开挖出来，其中自然也包括了邻近的克利夫兰。看到这个情景的洛克菲勒判断"原油价格必将大跌，真正能赚到钱的是炼油，而非钻油。"历史证明了他的想法。数年内，原油暴跌，炼油速度远不及钻油速度，许多钻油商必须贱价抛售原油以避免破产。1863年，洛克菲勒和克拉克终于出手，成立克拉克&洛克菲勒公司，转向石油提炼投资，并揽入了另一位合伙人，化学家安德鲁斯。

1865年，洛克菲勒和克拉克在经营方针上出现了严重纠纷。其结果，洛克菲勒大量借债筹措现金，在拍卖会上以72 500美金(这对当时的他是一笔巨款)成功地将克拉克股权全数买下，而公司名亦改为洛克菲勒&安德鲁斯公司，克拉克从此离开标准石油。该拍卖经常被后世史学家视为洛克菲勒乃至整个石油历史上极为重要的一战。

1864年，洛克菲勒与劳拉结婚，两人是之前在商业学校的班上认识的。洛克菲勒从此再也没有第二段爱情关系。他们生了四个女儿和一个儿子，这个唯一的儿子也将在日后继承他的大部分事业。

1866年，洛克菲勒揽入自己弟弟为生意伙伴。1867年，揽入亨利为另一合伙人，以三人为核心的炼油公司由此诞生，这即是日后标准石油的前身。此后两三年间，洛克菲勒选择高风险的极端方法，大量举债增资，大量转投资，大量开发副产品，结果是成功的。1868年，洛克菲勒已是世界上最大炼油商。

1870年洛克菲勒与人合办埃克森—美孚石油公司，至1880年几乎垄断整个石油业，并形成美国第一个大托拉斯。

1892年法院裁定美孚石油托拉斯为非法垄断企业，洛克菲勒被迫将财产转到多个分公司名下，但仍由原董事会集中经营。

1899年，洛克菲勒又将分公司联合起来，成立了新泽西美孚石油公司。

1896年，57岁的洛克菲勒退休了。洛克菲勒退休后，几乎将全部的精力放到了发展慈善事业上。从19世纪90年代开始，他每年的捐献都超过100万美元。1913年，他设立了"洛克菲勒基金会"，专门负责捐款工作。他捐款总额高达5亿美元之多。后代沿袭他的做法，到1950年，共捐赠25亿美元。以他名字命名的基金会培养了3个国务卿、12个诺贝尔医学奖获得者和众多的科学家。

1937年，洛克菲勒逝世，他的子孙继承了他的事业。洛克菲勒家族后来成为了美国10大超级富豪之一，也是当今美国最负盛名的家族之一。

**创业·箴言**

我不靠天赐的运气活着，但我靠策划运气发达。

**解析·感悟**

人的运气，甚至人的一生，都需要设计，需要规划。记得有这么一句话：有规划的人生更美好。洛克菲勒认为："运气是设计的残余物质。"他在给儿子的信中说："就像人不能没有金钱一样，人不能没有运气。但是，要想有所作为就不能等待运气光顾。我的信条是，我不靠天赐的运气活着，我靠策划运气发达。我相信好的计划会左右运气，甚至在任何情况下，都能成功地影响运气……等待运气的时候，要知道如何引导运气、设计运气，就是设计人生。"

**创业·箴言**

一个人不是在计划成功，就是在计划失败。

**解析·感悟**

成功的道路是目标铺出来的！要活出精彩，你必须有明确的奋斗目标。这是给自己设定的成功的标志，是为自己制订的迈向成功的计划。而且，有明确的目标就会有压力和动力，你的生活会更充实，充满希望，不会陷入无聊、郁闷的悲惨陷阱里。

**创业·箴言**

凡事都需要看得远一点。你在迈出第一步的时候，心中必须装着第二步——这几乎是我一生的经验。

**解析·感悟**

能不能做到放眼长远，预见未来，对于一个要想取得成功的人来说，无疑是非常重要的。如果你只懂得精于眼前利益，那么就犹如"一叶障目"，只把眼前的一点小利无限放大了，而不懂抬起头看到更长远的利益，殊不知，眼前的小利也许发展到最后会给你带来更大的损失。尤其是在创业的初级阶段，只重眼前忽略长远，等于从起点上就没有成功。

**创业·箴言**

我一直财源滚滚，心如天助，这是因为神知道我会把钱返还给社会的。

**解析·感悟**

聚财是一个人聪明智慧的体现，而散财则是人生中一种境界更加高远的大智慧。洛克菲勒靠着自己的聪明智慧和努力抒写了最完美的财富人生，与此同时，他又用人生的大智慧创造了绝无仅有的慈善神话。而后者更为震撼人心，意义也更为深远。

**创业·箴言**

我的信念是抢在别人之前达到目的。

**解析·感悟**

对于创业者来说，对机遇要有高度的判断，但这还不够，还要快，只有快才能抢在别人之前把机遇抓住。记住，该出手时就出手，成功就离你不会太远了。

**创业·箴言**

没有一杆完成的高尔夫比赛，你需要一杆一杆地打下去，你每打出一杆的目的，就是离球洞越近越好，直到把球打进。

**解析·感悟**

不积溪流，无以成江河。经商做生意，亦要稳扎稳打，从点滴做起才能做强做大。经商要机智但更要有理智，要稳重，不要情绪化，只有脚踏实地才会有大利润。

**创业·箴言**

智慧之书的第一章，也是最后一章，就是天下没有白吃的午餐。

**解析·感悟**

在商界，有很多敢于冒险的生意人，但在关键时刻，对于一些利润太高、风险太大的项目时，他们总是慎之又慎，甚至中途放弃。他们很少涉足那些风险太高的行业，他们一般都会选择稳扎稳打，步步为营，不会轻易对高利润动心，因为他们知道"世上没有白吃的午餐"，伴随高利润的，肯定是高风险。

**创业·箴言**

了解每一个对手，甚至合作伙伴的背景，对自己的事业往往具有出乎意料的帮助。

**解析·感悟**

了解对手是对创业者的必然要求，了解应该从基本的情况开始，那就是事实。竞争对手的财务状况如何、员工人数多少、生产何种产品、产品有哪些市场？购买对手的产品并解剖它，弄清对手的制造成本。这些就是事实——它们给你提供了进行分析的基础。

但是，仅有这些事实是不够的。你必须进行深入分析，必须将这些事实与你获得的能够告诉你对手战略的信息结合起来。这些信息可以从对手本身获得，从诸如它的年报、季报、广告、公告中获悉。另外，商业杂志和商业报刊也是信息的来源。有些企业家喜欢向记者炫耀他们的策略是多么杰出以及他们将如何实施这些策略；你可以根据这些信息来了解他们。而且，要仔细观察对手以往的行为，过去它对攻击是如何反应的？它是怎样发动和实施攻击的？它在采取行动之前发出过什么信号？事先是否有通告？他们进行了什么投资？是否招进了新的人才？应该努力寻找这些信号。

**创业·箴言**

借口是制造失败的根源。

**解析·感悟**

找借口是世界上最容易办到的事情之一，如果你存心拖延逃避，你总能找出理由。把"事情太困难、代价太高、太花时间"等种种理由合理化，这要比相信"只要我们更努力奋斗、更聪明、信心更强，就能完成任何事情"的念头容易得多。

找借口是一种不良的习惯。出现问题，不是积极、主动地加以解决，而是千方百计地寻找借口，你的工作就会拖沓，没有效率。借口变成了一块挡箭牌，事情一旦办砸了，就能找出一些看似合理的借口，以换得他人和自己的理解和原谅。找到借口只是为了把自己的过失掩盖掉，心理上得到暂时的平衡。长此以往，借口成习惯，人就会疏于努力，不再想方设法争取成功了。

**创业·箴言**

永远不能让自己的个人偏见妨碍自己的成功。

**解析·感悟**

偏见是良知的天敌。是合作的障碍，是和谐的杂音。别人的灵魂不会因为我们的渺视而贬值，也不会因为我们的恭维而崇高。偏见最终会让其持有者付出刻骨铭心的的代价——发自灵魂深处的羞愧和难以弥补的痛悔。

**创业·箴言**

知识是外在的，是我们对所见事物的认识；智慧则是内涵的，是我们对无形事物的了解；只有二者兼备，你才能成为一个全面发展的人。

**解析·感悟**

知识必须转化为智慧，才能显示其真正的价值！"知识"是死的，"智慧"是活的；能够灵活运用知识的人便拥有了智慧，拥有智慧却不懂得坚持学习新知识的人便成了只有小聪明的人。既有知识又有智慧的人，方能成为生活的主宰者。因为他既能够凭借自己渊博的学识，指点江山，激扬文字，又能够运用自己的智慧，勇往直前，开拓创新。

**创业·箴言**

往上爬的时候要对别人好一点，因为你走下坡路的时候会碰到他们。

**解析·感悟**

以粗暴的态度对待人是最不可取的一种行为，要知道耐心、温和地对待下属和同事的价值——有利于实现目标。用钱可以买到人才，却不会买到人心，但如果在付钱的时候又送上一份尊重，就会让他们付出忠心地服务，这就是洛克菲勒能够成功的一个秘诀所在。

**创业·箴言**

我总设法把每一桩不幸化为一次机会。

**解析·感悟**

积极的人生态度，总能使人把不幸化为一种机会。爱默生曾语重心长地说："真正的成功不一定是愉悦的，它多半是一种思想上的胜利。"没错，成功源自一种成就感，一种自我超越的胜利，一种将"不幸"化为"机会"的经历。

**创业·箴言**

我们的命运由我们的行动决定，而绝非完全由我们的出生决定。

**解析·感悟**

许多时候，我们总认为一切都是命运的安排，殊不知，其实一切都是行动

165

所致。今天的行为，收获的是明天的结果。行动的因果决定命运，每个人都要对当下的因缘负责，自己才是命运的主人。

**创业·箴言**

每个人都是他自己命运的设计者和建筑师。

**解析·感悟**

做人就应该做自己的主人，应该主宰自己的命运，主宰自己的心灵，不能把自己交付给别人。做自己的主人，就不能成为金钱的奴隶，不能成为权力的俘虏，要不失自我，在各种诱惑面前保持自己的本色，否则便会丢失自己。过于热衷于追求外物者，最终可能会如愿以偿，但却会把最重要的一样给丢了，那就是自己。

**创业·箴言**

我不迎接竞争，我摧毁竞争者。

**解析·感悟**

对待竞争不是被动地接受，而是尽最大可能地集中力量去将竞争者打压和消灭，这是一种垄断的思维，从现代商战的角度讲，是不可取的，但其中强烈的争胜意识还是值得创业者学习的。

**创业·箴言**

在我眼里，侮辱一词的词义已经转换，它不再是剥掉我尊严的利刃，而是一股强大的动力。

**解析·感悟**

我们人生中总会遇到一些羞辱，而当我们面对羞辱的时候是采取气愤、懊恼？还是因此气馁怨恨？更或者是采取积极的方式，振作、奋起呢？事实上，羞辱本不是什么好事，但只要我们换种眼光、换个角度去看它、对待它，然后，认真地去寻找它的价值所在，把它当作我们人生前行的动力，那么，我们的人生交响曲往往会演奏得错落有致。

**创业·箴言**

不论是要赢得财富，还是要赢得人生，优秀的人在竞技中想的不是输了我会怎么样，而是要成为胜利者我应该做什么。

**解析·感悟**

成功与失败一定会在我们的人生当中经常出现，不能因为怕输就导致自己不敢去努力，这样你就未战先输了。不去尝试不去努力你怎么就能断定自己一定会输呢？当然，也不能尽想着赢了以后会怎么样，在干每件事之前应该需要做好各种方案、计划，包括预案和备案，把能想到的后果，出现的困难尽可能考虑周全、详尽一些。

**创业·箴言**

只要不变成习惯，失败是件好事。

**解析·感悟**

对创业者来说，谁都不知道自己会经历多少失败，但这并不是坏事，只有经历失败，战胜失败，创业者才能获得最大意义的成功，但是，请记住，千万别让失败成为习惯！

**创业·箴言**

自作聪明的人是傻瓜，懂得装傻的人才是真聪明。

**解析·感悟**

没有人喜欢聪明绝顶的人，尤其讨厌自作聪明的人。须知，客观事物太复杂，而且变化太快，无论你智商有多高，无论你多么勤奋，认识任何事物都是很难的。假使你把已有的知识都掌握了，转瞬之间，又发展变化了，而且永远不会停止。所以要永远保持谦虚谨慎的态度，敢于承认自己在造物主面前，永远是个傻瓜。

**创业·箴言**

越是认为自己行，你就会变得越高明，积极的心态会创造成功。

**解析·感悟**

你的心态是你命运的控制塔。消极心态是失败、疾病与痛苦的源流，而积极心态是成功、健康与快乐的保证！你千万要记住，你的心态决定了一切，无论情况怎么样，都要抱着积极的心态，相信自己行，那你一定就行。

**创业·箴言**

累坏自己总比放着朽坏要好。

**解析·感悟**

有一句老话说得好："我一直在为自己的破鞋子懊恼，直到我遇见一位没有脚的人。"庆幸自己的健康远比抱怨哪里不舒服要好得多。学会为自己拥有的健康去感恩，能有效地预防各种病痛与疾病。同样的道理，累坏自己总比放着朽坏要好。成功是靠努力奋斗得来的，如果害怕破坏自己的健康而不想去忙、去工作，那其实才是对人生、对健康的最大破坏。

**创业·箴言**

如果你视工作为一种乐趣，人生就是天堂；如果你视工作为一种义务，人生就是地狱。

**解析·感悟**

热爱工作是一种信念。不管一个人野心有多么大，他至少要先起步工作，才能到达高峰。收入只是工作的副产品，做好你该做的事，出色完成你该做的事，理想的薪金必然会来。

**创业·箴言**

我就是我最大的资本！我唯一的信念就是相信自己。

**解析·感悟**

一个人只要充分地相信自己，运用自己的能量，沉着冷静地对问题进行大胆的探索与构想，就一定能将腐朽化为神奇，把不可能化为可能。

**创业·箴言**

即使把我的衣服脱光，再放到没有人烟的沙漠中，只要有一个商队经过，我又会成为百万富翁。

**解析·感悟**

穷人与富人，在刚开始的时候脑袋都是一样的，差别就在于后来他们往自己的脑袋里装的东西不一样，装的多少也不一样。这就是富人和穷人在脑袋上的差别。穷人只能拥有装钱的口袋，富人却拥有赚钱的办法和头脑。

**创业·箴言**

我愿意付出比天底下得到其他本领更大的代价去获得与人相处的本领。

**解析·感悟**

不仅是洛克菲勒，成就大事业的很多商界财富人士也都意识到了人际关系对一个人成功的重要性。曾任美国某大铁路公司总裁的A．H·史密斯说："铁路的95%是人，5%是铁。"美国钢铁大王及成功学大师卡耐基经过长期研究得出结论说："专业知识在一个人成功中的作用只占15%，而其余的85%则取决于人际关系。"所以说，无论你从事什么职业或专业，学会处理人际关系，你就在成功路上走了85%的路程，在个人幸福的路上走了99%的路程了。

**创业·箴言**

当我的石油事业蒸蒸日上时，每晚睡觉前总是拍拍自己的额头说：别让自满的意念，搅乱了你的脑袋。我觉得我的一生受这种自我教训的益处很多，因为经过这样的自省后，我那沾沾自喜、自鸣得意的情绪，便可平静下来了。

**解析·感悟**

一个人如果自以为已经有了许多成就而止步不前，那么他的失败就在眼前了。许多人一开始奋斗得十分起劲，但前途稍露光明后，便自鸣得意起来，于是失败立刻接踵而来。

**创业·箴言**

如果你想成功，你应辟出新路，而不要沿着过去成功的老路走。

**解析·感悟**

只有运用自己的智慧去工作，你的工作才会做得更好。只有善于变通和创新，运用非同常人的思维才能使你赢得更大的发展。从成功的角度来讲，我们要寻找两点之间的最短距离，必须避免"折腾"。要找到两点之间的最短距离，需要你时时寻找新方法，因为只有新方法才能带你走捷径。

**创业·箴言**

你有一万种可能获得成功，但没有健康，一切就都是空谈。

**解析·感悟**

洛克菲勒的前半生，用智慧赚取了巨大的财富，但就在他52岁时，身患多种疾病，很难再坚持正常工作。自己艰苦打下的这一片江山该怎么办？是继续拼搏还是休整疗养？他很矛盾。经过认真思考、权衡利弊之后，洛克菲勒听从了医生的劝告，智慧地选择了后者。他给自己重新定位，调整了与公司间的关系，随后到大自然中静心颐养，慢慢恢复了健康，一直活到了92岁。

# 第十二章 松下幸之助创业感悟

创业档案

松下幸之助，日本著名跨国公司"松下电器"的创始人，被称为"经营之神"。

1894年，松下幸之助出生于日本和歌山县。

1910年，进入大阪电灯公司当内线见习生。

1917年6月，23岁的松下幸之助另立门户，自己创业，以不足200日元为本钱，在一间不足10平方米的房间里开了一个小作坊，生产自己发明的新式电灯插口，这就是如今闻名全球的松下电器公司的前身。

1918年3月，松下幸之助创立松下电气器具制作所。这期间，他改良电灯插座成功，开始承接电风扇订货。

1923年，经过埋头钻研，松下幸之助制造出新式自行车电灯，经过试销，效果良好，每月平均能销货1万只以上，著名的化妆品批发商山本武信以提前支付486万日元的代价向"松下"买了三年的独家销货权。

1928年，松下幸之助又研制成功便携式方型电灯，仅8个月就卖出47万只之多。

1932年，无论对松下幸之助，还是松下电器事业，都是成功的一年。松下设置了贸易部，活跃了海外的立足点；相继在各地扩充组织设施。这一年的11月，天皇到大阪时，仰仗天皇的来临，政府大量收购收音机。时值创业14年，松下电器的阵容，合起来已有一二百人。作为产业界的一颗流星，松下以惊人的速度发展，令世人所瞩目。

从1937年开始，有10年以上的时间，松下幸之助的事业呈现空白。战争中，他被迫接受了木船和木制飞机的生产任务，这两个工程所耗去的资金，因为日本战败而成为无处索回的债务，松下幸之助一下子背上了"借钱大王"的称号。

1946年，松下幸之助因协助战争被革职。

1947年，复职为社长。

1957年，松下公司开始在全日本设立销售店。

1973年7月19日，松下电器创业55周年。面对日益庞大和稳健发展的松下电器，年逾花甲的松下幸之助离开了自己的舞台，放心地退到幕后。

1975年，81岁的幸之助开始著书立说。他的经营心得，比如，《松下幸之助经营管理全集》《谈经营秘诀》《谈企管须知》《谈商场心得》《路是无限的宽广》《知人用人之成功法则》《松下电器的经营教育》等成为企业家的至宝，在世界经济大舞台上大放异彩。

1998年，松下幸之助去世，享年104岁。

**创业·箴言**

经营始于人也终于人。

**解析·感悟**

一个公司的好坏，关键是由员工来决定的。因此，经营企业必须先经营好员工，如果很平庸，那领导者即使再出色，也难以带领企业走向伟大和卓越。

**创业·箴言**

现代企业的竞争，归根结底是人才的竞争。

**解析·感悟**

在当今激烈的市场竞争中，人才起着不可忽视的作用。可以说，企业的成功，有相当大一部分都是人才的竞争。因此，如何寻找人才，留住人才是每个管理者都要认真思考的问题，这也是经营成败的关键所在。

**创业·箴言**

今后的世界，并不是以武力统治，而是以创新支配。

**解析·感悟**

做生意有没有捷径可走？大多数人对此会予以否认，因为走捷径似乎代表着不切实际，代表着一种投机，而投机是很难长久的。然而不可否认的是，有些商人的确比别人成功得快些和轻松些，他们似乎找到了通往成功之路的捷径，其实这种捷径便是思人所未思、见人所未见的创新能力。

**创业·箴言**

企业管理过去是沟通，现在是沟通，未来还是沟通。

**解析·感悟**

在管理人的过程中，需要借助沟通的技巧，化解不同的见解与意见，建立共识。当共识产生后，事业的魅力自然就能展现。良好的沟通能力与人际关系的培养，并非全是与生俱来的。在经营"人"的事业中，你绝对有机会学习到许多沟通的技巧，因此要把握任何一次学习的机会。

**创业·箴言**

谦和的态度，常会使别人难以拒绝你的要求。这也是一个人无往不利的要诀。

**解析·感悟**

只有那些肤浅的人才喜欢在别人面前吹嘘自己。他们总是在自我营造的浅薄的氛围中陶醉与自娱自乐，因此，他们会不厌其烦地提醒别人自己做了多少事情，告诉别人自己有多么重要，生怕别人把自己给忽视了。可是，当这些人不停地炫耀自己时，反而会让大家觉得反感。只有那些取得了成绩却依然谦和的人，才能获得人们的好感，并迅速取得成功。

**创业·箴言**

能虚心接受人家的意见，能虚心去请教他人，才能集思广益。

**解析·感悟**

生活中的许多事例说明了这样一点：凡是不乐于接受别人意见的人会屡遭失败，而那些虚心的、能善于听取别人意见的人，才会成为更出色的人。听取别人的意见，找到工作中能够开导自己、给自己真诚帮助的良师，对自己的工作和成长会起到非常重要的作用。

**创业·箴言**

如果你坚持要上二楼，就会想到搬扶梯；你只想试一试，那就什么都想不到。

**解析·感悟**

坚持，就会努力地想办法；只想试一下的话，在找不到办法的情况下，就很可能会放弃。创业的道理也是如此，如果没有一个值得坚持的梦想，那要想走下去就很难了。

**创业·箴言**

非常时期就必须有非常的想法和行动，不要受外界价值观干扰。

**解析·感悟**

非常时期，常态下的领导方式很可能不只是无效，反而可能延误时机。正如在大海上航行的船只，风平浪静时，大副足可胜任；遭遇险滩恶浪，船长就必须到位一样，非常时期需要企业最高领导人全力以赴，以企业家精神领航经理人的素质。所以，非常时期的领导只有掌握了非常的生存智慧，才能在商海沉浮中立于不败之地。

**创业·箴言**

顾客的意见是上天之声，用户是皇帝。

**解析·感悟**

松下的这种经营思想在20世纪30年代被视为一种经营的异端，可是在今天更为激烈的市场竞争中，却充分显示了它的价值。它要求经营者必须优先考虑到人的需要，把顾客的利益放在首位。正是本着这样一种精神，松下公司赢得了广泛的世界市场，目前世界上每出售10台录像机就有两台是松下的。松下的成功印证了一个道理，那就是如果商家为顾客的利益着想，那么顾客对商家的回馈也将是巨大的。

**创业·箴言**

顺应社会的潮流和事物的关系，才是企业得以发展的方式。

**解析·感悟**

企业最大的安全莫过于让企业顺应发展规律顺应社会潮流。企业即便只是一叶扁舟，只要顺流而行也不易被掀翻。反之，逆流而行的话，企业即便是航空母舰，也有翻船的可能。

**创业·箴言**

以人性为出发点，因此而建立的经营理念及管理方法，必然正确且强而有力。

**解析·感悟**

企业文化到底是什么？是统一的LOGO标志？是精美的CI设计？还是弄一群员工在店铺开门前蹦蹦跳跳？其实，所有的企业文化都应该是以人性关爱为基础，对外关爱消费者，对内关爱企业的员工。

**创业·箴言**

合理利润的获得，不仅是商人经营的目的，也是社会繁荣的基石。

**解析·感悟**

松下幸之助认为，私人资本兴办的企业姓"公"而不姓"私"。在市场经济条件下，企业作为独立自主的经济实体和利益主体，有自己的正当权益和利益追求，但企业又是离不开社会的。一个公正、法制和稳定的社会是企业生存和发展的必要条件，社会为企业提供生存空间，反过来，企业必须满足社会的需求，为社会提供自己的服务。这一关系决定着企业的性质。从本质上说，企业是社会公器，企业经营是公事而不是私事。

**创业·箴言**

不应该借巧妙的讨价还价赚钱，必须一开始就制定合理的价格。即使对方要求减价也不同意，而是相反，去说服顾客接受这个价格。依我的看法，采取这种方法最成功。

**解析·感悟**

讨价还价是创业的一项重要内容，一个优秀的创业者不仅要掌握讨价还价的基本原则和方法，还要学会熟练地运用讨价还价的策略与技巧，这是促成谈判时成功的保证。但是，比起讨价还价，一开始就制定合理的价格更重要，这样往往更容易谈成生意。

**创业·箴言**

与和自己有往来的公司共存共荣，是企业维持长久发展的唯一道路。

**解析·感悟**

企业为了扩展它的事业，就要靠和它有往来的企业或人，如买方、卖方、消费者以及提供资金的股东或银行，甚至于地区、社会大众等，彼此以各种形态保持关系。如果牺牲有关系的一方来图谋自己公司的发展，是一件不可原谅的事，最后必会导致自我毁灭。因此经常要考虑和交易往来的对方共存共荣，这是企业维持长久发展的唯一道路。

**创业·箴言**

任何东西本身皆具有说服力，要善用物品的说服力，但不可用来贿赂。

**解析·感悟**

松下认为，任何东西或者物品，本身就具有一种说服力。当然，如果这种说服力发挥在诸如有条件的利益交易下，那就非常不好，是属于贿赂范畴的；但是，若能运用得当，比如作为一种说服的道具，或者一种表达感情的礼物，那许多事情往往也会因此而顺利推展。

**创业·箴言**

说服的方式因时因地有所不同，预先察知什么情况适合哪一种说服方式，才是最重要的。掌握对方的性格、情绪、不存说服之心地去说服，才有成功的可能。

**解析·感悟**

要想说服一个人，除了客观条件诸如时间、地方之类外，最重要的还是了解一个人的人格，包括了这个人的情绪、心态等等。正确地掌握到这些后，才能在贴切的状态下，进行说服。

**创业·箴言**

脑筋转个不停，不但使计划更周详，别人也会受感染而愿全力配合。

**解析·感悟**

对于创业者来说勤于动脑，善于思考，不仅会让自己事业发展上的漏洞减少，还能给自己员工树立一个良好的榜样，鼓动他们开动脑子进行创新，以最大程度的努力来帮助公司。

**创业·箴言**

一开始就坚持名副其实的信用，等于是自己储备了庞大的资金。

**解析·感悟**

虽说无商不奸，但诚信是万两黄金买不回的东西，所以一定要把诚信放在首位。人无信而不立，一开始就把自己的名声弄臭了，那后面的路就很难走了。

**创业·箴言**

做生意，要有洞察先机、先发制人的能力，因为这是真刀真枪的决斗，只许赢，不许输。

**解析·感悟**

无论什么时候，创业者都处在激烈竞争的漩涡中，为了不在竞争中落后，必须将对方经营者的想法、动向摸得一清二楚，如此方能做到先发制人，立于不败之地。

**创业·箴言**

虽然起步迟，只要不畏挫折，坚持到底，照样能超越他人。

**解析·感悟**

有时候即使在走投无路的情况下，你也要振作起来，鼓起勇气去坚持，这是不可缺的条件，如果能够这样有耐性地、不屈不挠地坚持去做，那么即使你起步晚于别人，照样能超越他人。

**创业·箴言**

不论是多么贤明的人，毕竟只是一个人的智慧；不论是多么热心的人，也仅能奉献一个人的力量。

**解析·感悟**

人与人之间要相互寄托，为更大的效力而结成组织或团体，同心努力，集合智慧，团结力量，这是创业的一个必不可少的因素。这正如一张纸，站不住，而组成一本书，就可以立在桌面上；一棵树，在风中摇摆，只能等待命运的安排，组成一片树林，就能稳稳地抵抗风雨的侵袭——这就是集体的力量。

**创业·箴言**

经营者必须对任何事的成败负责。所以，他既要充分授权，又要随时听到报告，给予适当指导。

**解析·感悟**

我们知道，军队里的元帅和将领，是不会亲自冲锋陷阵的，他们的才能在于调兵遣将，运筹帷幄。而现代企业的领导，也没有必要事必躬亲，但必须具备使用人才、调遣人才的能力，让你的下属在工作中充分施展自己的才能，这样，你的公司才能永远充满活力，你的创业才能成功。

**创业·箴言**

辛劳被肯定后，所流露的感激，是无与伦比的喜悦。

**解析·感悟**

表扬是领导工作方式中最富魅力的方式之一，是打动人的心灵、激发人的情感、鼓励人的热情的极佳手段。美国钢铁大王卡耐基说过："我很幸运地具有一种唤起人们热忱的能力，这是我仅有的长处。要使人们始终处于施展才干的最佳状态，唯一有效的办法，就是表扬和鼓励。没有比受到上司批评更扼杀人们的积极性的了。我绝不批评人，激励人自觉地去发挥他的作用。嘉许下属我从不吝啬，而批评责备却非常小气。只要我认为某人出类拔萃，就会由衷地给予称赞，并且不惜奉出所有的赞词。"他的话有些绝对，但的确具有唤起人们热忱的能力，这一点是需要我们好好学习的。作为一名创业者，在实际工作中，必须用多种形式扩大表扬的内容、范围，增强表扬的效果。

**创业·箴言**

朝会、唱社歌、朗诵七大精神，是松下电器的传统，必须遵照执行，惯彻到底。事情一旦决定之后，必须坚持到底，不得自己迷失方向，或被他人言行迷惑，否则不会成功。做生意也是一样，必须贯彻志向。

**解析·感悟**

为什么大多数人没有成功——正是因为他们不是将自己的目标舍弃，就是沦为缺乏行动的空想。把一只蜥蜴截成两段，一半向前跑去，另一半向后跑去，这正如一个人做事情将目标分开一样，到头来也不会有美好的结局。所以，那些不能将志向与目标贯彻的人，根本不可能获得成功。

**创业·箴言**

不论经营理念或使命感多么高明，在物质方面若无法满足人的需求，那么即使再强调使命感，也没有人会听得进去。

**解析·感悟**

人类的同时拥有各种不同的欲求，但无论如何，物质的欲求还是排在最前面的。因此，要想使员工充分发挥才能，创业者就要特别留意他们的工作条件、薪酬条件是否合理。

**创业·箴言**

唯有懂得欣赏别人的长处，才能领导更多的人。

**解析·感悟**

卡耐基说："人类本性最深的需要是渴望得到别人的欣赏。"欣赏是成长的需要，是做人的品格，更是领导者处事的能力，彰显领导者人格的魅力。古今中外，大凡功成名就者，都是虚怀若谷、心胸博大，哪怕是盖世功劳，也会"人前不显胜，傲里不夺尊"，而对他人的长处和优点却是真诚赞扬、格外赏识。领导者只有懂得尊重他人，学会欣赏他人，才会最终赢得了他人的尊重。

**创业·箴言**

一个领导者应该承认，个人的能力是极为有限的，一个人若做能力以上或以下的工作，都容易遭到失败。为了避免能力发挥上的缺点，更应该分层负责，这才是提高工作效率最科学的方法。

**解析·感悟**

如果把许多人聚集在一起做事，感觉上似乎人手很足，而结果却是人力和时间的浪费，责任也无法追究。应该把一项大工程分为几个部分，每一部分都指派专门的负责人督导，并利用人类争强好胜的天性，这样就容易激起斗志，以便能在短期内完成工作。

**创业·箴言**

吸引人才的手段，不是高薪，而是企业所树立的经营形象。要求职者有诚心，肯苦干，不一定非用有经验的人。公司应招募适用的人才，程度过高，不见得就合用。

**解析·感悟**

近年来企业公司招聘人才对学历、经验的要求越来越高。仔细想一想，这种人才"高消费"的做法未必合适。往往有这样一些现象，一些企业招聘了一批又一批人员，经过一段时间才发现，由于各种原因造成的留存人数很少。只好继续招聘，周而复始地造成了人力物力的很大损失。所以公司人员的雇用，还是以适用的程度为好，程度过高，不见得就合用，只要人品好、肯苦干，技术和经验都是可以学到的。

**创业·箴言**

名刀是由名匠不断锻炼而成的，同样的，人才的培养，也要经过千锤百炼。注重新进人员的训练和指导，因为他们的成长会带动公司的进步。训练人才应以人性为管教的模式，并确立赏罚分明的制度。

**解析·感悟**

对于一个员工来说，培训使他懂得如何干好工作，使他掌握目前和未来工作所需要的知识和技能，不断适应新情况发展的需要，尤其能培养在新情况下创造性工作的能力。从更高的层次来看，培训是对人的潜能进一步拓展，既对公司有利，也对该员工本人有利。

**创业·箴言**

经营者要善用人才，并创造一个让员工能发挥所长的环境。学历就好比商品上的标签，论才用人要看品质，不要只注重标签价码。

**解析·感悟**

松下幸之助是全球最顶级的企业经营者，他的松下公司也是全球顶级企业，松下和松下公司的经历就是对这段话的最好诠释：松下小学都没有毕业，全靠从社会学习。他创办的松下公司也没有走大学路线，没有严格的学历要求，更看重的是员工的品质与能力。

**创业·箴言**

看准何时该退出实在是不容易的，独立经营事业时，会遇到进退维谷的状况，那等于面对死亡。在这种情况下，必须善于运用自己的经验体悟，结合别人的建议做出判断。

**解析·感悟**

"不成功绝不罢休固然是真理，但敢于退出才是伟大的将军。"富有经验的经营者要能仔细观察周遭的变化，做出明智的选择。松下幸之助认为，撤退时机的把握，一方面需要经营者在经营中不断地磨炼和积累，提高判断眼光和能力；另一方面要经常向同行前辈、批发商、零售商、顾客等讨教，以此来验证自己的想法。

**创业·箴言**

我的任务就是把电气用品做成像自来水似的，这是我的生产使命。当然，实际上很难做到这个地步。终极目的，在于使东西的价格便宜到好像不要钱似的。

**解析·感悟**

　　为了实现这种"自来水"哲学，松下认为，生产大量廉价的商品这一使命不仅要日本一国来做，还要全世界同心协力，使物价越来越便宜，这才是生产者的使命。松下的这种自来水哲学，以不断满足更多人的生活需要为目的，应该说是一种很崇高的思想境界。在日常生活中，赚钱或个人的成功，当然可使人兴奋，但为大众生产的神圣使命更加尊贵，它会使企业家及员工本身产生全力以赴的正义感和希望。这就是松下自来水哲学的可贵之处。